Martin Dreyer

GOD AROUND THE CLOCK

Die 24-Stunden-Bibel

PATTLOCH✻

Besuchen Sie uns im Internet:
www.pattloch.de

FSC
www.fsc.org
MIX
Papier aus ver-
antwortungsvollen
Quellen
FSC® C083411

© 2014 Pattloch Verlag GmbH & Co. KG, München
Alle Rechte vorbehalten. Das Werk darf – auch teilweise – nur mit
Genehmigung des Verlags wiedergegeben werden.
Umschlaggestaltung: ZERO Werbeagentur, München
Redaktion: Caroline Draeger
Satz: Adobe InDesign im Verlag
Druck und Bindung: CPI books GmbH, Leck
ISBN 978-3-629-13051-8

2   4   5   3   1

Vorwort

Schon immer war es das Bestreben gläubiger Menschen, dass Gott ihnen jederzeit nahe sein soll.
Wenn jemand Gott als etwas Wunderbares und Schönes erlebt hat, dann will man stets bei ihm sein. Das ist so wie bei zwei frisch verliebten Menschen. Sie können eigentlich nicht genug voneinander kriegen. Am liebsten würden die Liebenden die ganze Zeit beieinander sein, ohne eine Trennung, selbst wenn die nur fünf Minuten dauern würde.
God around the clock, die 24-Stunden-Bibel ist in diesem Sinne erdacht worden. Sie soll die Möglichkeit schaffen, sich zu jeder Tageszeit einen geistlichen Impuls zu geben, der die Leser in die richtige Richtung stößt. Ich habe versucht, den Tages- und Uhrzeiten entsprechende Themen zu bestimmen, die in die Situation der Leser passen können. Es geht um Angst, um Äußerlichkeiten und die Arbeit. Aber auch um Schätze im Himmel, um den Schlaf und unsere Sexualität. Mit anderen Worten: Es geht um das Alltägliche. Um Dinge, die jeden Menschen betreffen.
Am Ende jedes Kapitels wird das Gesagte noch einmal in wenigen Worten zusammengefasst und die dazugehörige Bibelstelle genannt – zum Nachlesen und weiteren Nachforschen.
Eine weitere Besonderheit in diesem Buch sind die sogenannten Wordels (gesprochen Wördels, vom englischen *word* = Wort). Wordels erobern derzeit die christliche und auch pädagogische Szene. Sie wurden von dem Amerikaner Jonathan Feinberg entwickelt. Er arbeitet hauptberuflich für den Internetgiganten Google. 2013 kam er auf die Idee, einen bestimmten Algorithmus zu programmieren,

der aus einem Text sogenannte Wort-Wolken (word-clouds) erzeugt. Diese Wolken stellen graphisch dar, was der Text aussagen will. Die Anordnung und Größe der jeweiligen Wörter geben wieder, wie wichtig sie für den Inhalt des Textes sind. Hat man einmal den Abschnitt gelesen und sich die dazugehörige Wolke angeschaut, prägt sich das Gelesene besser ein. Will man den Inhalt wieder abrufen, braucht man nur einen Blick auf die Wolke zu werfen, und schon ist alles wieder präsent. Probiere es aus, es funktioniert tatsächlich!

Jeder kann dieses Buch so lesen, wie es zu ihm passt. Möchtest du es von vorn nach hinten lesen, ist das sicher der übliche Weg. Die einzelnen Kapitel bauen aber nicht aufeinander auf. So ist es auch möglich, mit den letzten Kapiteln oder in der Mitte zu beginnen.

Mir würde es gut gefallen, wenn die 24-Stunden-Bibel irgendwo griffbereit im Haus liegt. Auf dem Küchentisch, in der Diele oder auch auf der Toilette. Und immer wenn dir danach ist, kannst du auf die Uhr schauen und das jeweilige Kapitel dazu lesen.

Vielleicht sprechen dich die Worte an, wirken in deine ganz spezielle Situation hinein. Jeder Mensch ist ja verschieden, und jeder Christ hat eine andere Beziehung zu Gott. Es ist möglich, dass die eine oder andere Andacht aus diesem Buch jemandem überhaupt nicht gefällt. Besonders in dem Thema Sex steckt eine Menge Zündstoff. Nimm das Gelesene, egal zu welchem Thema, als Grundlage, um über die Inhalte neu nachzudenken. Vielleicht lassen Erstaunen, Verwunderung und vielleicht sogar Ärger über den Text etwas Neues in dir aufbrechen.

Eines ist dabei unbestritten: Es ist wichtig, dass wir die Nähe Gottes suchen. Immer wieder, Tag für Tag, Stunde für Stunde. Denn nur bei ihm finden wir wirkliches Leben.

Berlin, im November 2013   *Martin Dreyer*

Was bringt der Tag?

Riiiing« oder »Piep, piep, piep …«: Jeden Morgen das Gleiche. »O no, schon wieder ist die Nacht rum!« Und dann der nächste Schock. »Wie viel Zeit habe ich noch, bis ich losmuss?«, geht es panisch durch meinen Kopf. Ich kenne ihn gut, meinen allmorgendlichen Adrenalinkick.

Manchmal frage ich mich, welcher Sklaventreiber eigentlich das Folterinstrument »Wecker« erfunden hat. Und ich würde auch gern wissen, warum man nicht einfach so, genau zur richtigen Zeit, aufwachen kann. Das wäre doch was! Es soll ja Menschen geben, die das können. Sozusagen die Funkuhr im Kopf. Doch mit dem lauten Gebimmel oder nervigen Gepiepe beginnt jeder Morgen gleich. Nämlich mit einer vollen Ladung Stress.

Trotzdem. Es gibt Tage, an denen die morgendliche Freude beim Aufstehen überwiegt. Zumindest bei mir. Ich verlasse mein Bett, gehe duschen, mache mir ein leckeres Frühstück, bin gut gelaunt und voller Tatendrang. Aber dann sind da auch die anderen Tage. An denen würde ich mich am liebsten wieder unter die Bettdecke verkriechen. »Es ist doch noch viel zu früh! Ich möchte mich nur noch einmal umdrehen.« Kurz ins Federkissen eintauchen und weiterschlafen. Der volle, anstrengende und vermutlich nervige Tag steht vor mir wie ein riesengroßer Berg. Der Grund dafür ist leicht zu finden. Es warten zu viele

Probleme auf mich. Zu viele Herausforderungen. Zu viele Anstrengungen, für die ich mich nicht gewappnet fühle. Es sind Berge, die mir zu hoch erscheinen, die ich nicht erklimmen kann. Mir fehlt die Kraft. Mir fehlt die Motivation. Mir fehlt der Glaube.

Ob es sich um die aufwendige Diplomarbeit, das vorzubereitende Referat oder nur ein Alltagsproblem handelt, ist letztendlich egal. Vielleicht ist es auch ein schwieriges Projekt im Beruf? Der Abgabetermin rückt immer näher. Die Last wird immer schwerer. Der Berg wird immer größer.

Manche Therapeuten raten, das Leben in Abschnitte einzuteilen. Das soll helfen, wenn einem der Berg zu groß wird. Sie empfehlen, aus einem großen Berg viele kleine Berge zu machen. Sicher keine schlechte Idee. Trotzdem bleibt der Berg ein Berg und das Problem ein Problem. Die Uhr tickt, mancher hat das Gefühl, an der Uhr klebt eine Bombe, die jeden Augenblick explodieren könnte. Tick, tack, tick, tack, bumm!

In der Bibel gibt es dazu eine interessante Geschichte. Sie erzählt von einer wirklich besonderen Begebenheit, die Jesus mit seinen Freunden erlebt hat. Wir können sie bei Matthäus, Kapitel 21, Vers 18 bis 22 nachlesen. Dort steht:

Am nächsten Morgen, als Jesus und seine Freunde nach Jerusalem kamen, hatte Jesus ziemlichen Kohldampf. Auf dem Seitenstreifen am Straßenrand stand ein Pflaumenbaum, und weil er Hunger hatte, wollte er sich ein paar Pflaumen pflücken. Aber da war nix außer Blättern. Jesus sagte zu dem Baum: »An dir soll nie wieder irgendwas wachsen!« Und im selben Augenblick war der Baum vertrocknet und tot! Die Schüler von Jesus, die das mitbekamen, waren echt fertig und fragten ihn: »Was war da denn los?« Jesus antwortete: »Also, wenn ihr wirklich glaubt und kein bisschen Zweifel daran habt, dass es auch wirklich passiert, dann könnt ihr noch viel krassere Sachen machen. Ihr könntet sogar zu diesem Berg sagen: ›Ab mit dir ins Meer!‹, und der würde glatt abheben und sich ins Meer schmeißen! Alles wird möglich sein. Ihr werdet alles bekommen können, wenn ihr betet und dabei ganz fest glaubt.«[*]

Man muss sich die Szene einmal vorstellen. Dort ist ein Baum, der nicht das tut, was er tun soll: Früchte tragen. Jesus will etwas essen und ist offensichtlich sauer. Durch seine Worte und den Glauben, dass diese Worte etwas bewirken, vertrocknet der Baum in kurzer Zeit. Und anschließend benutzt er die Szene, um seinen Schülern etwas beizubringen. Er sagt, dass Worte stark genug sein können, um einen ganzen Berg ins Meer zu versetzen. Sie müssen nur im Glauben ausgesprochen, mit Glauben angefüllt sein. Mit dem Vertrauen darauf, dass Gott dieses Wunder tun wird, dass er es kann.

Ob Jesus Diplomarbeiten oder Arbeitsprojekte im Blick hatte, als er den Baum vertrocknen ließ, ist eine offene Frage. Aber eines ist sicher: Er wollte etwas Wichtiges damit deutlich machen. Er wollte seinen Schülern beibringen, dass der Glaube an Gott eine Kraft in sich trägt, die Berge versenken kann. Und dieser Glaube scheint auch kein Limit zu haben. Er nimmt ja nur dieses »kleine« Baumbeispiel, um deutlich zu machen, dass da noch sehr viel mehr geht.

Ich frage mich: Was für Berge könnte Jesus heute meinen? Ich möchte im übertragenen Sinne ein paar Berge nennen. Es geht mir um Berge des Alltags, die uns immer wieder

---

[*] Die mit * gekennzeichneten Bibelstellen sind entnommen: Martin Dreyer: Die Volxbibel – Neues Testament 4.0 © 2013 Volxbibel-Verlag im SCM-Verlag, Witten. Abdruck mit freundlicher Genehmigung des Verlags.

begegnen. Um Probleme, die sich vor uns auftürmen und unüberwindbar zu sein scheinen.

Ich kenne selbst Zeiten in meinem Leben, da stand mir zum Beispiel ein großer »Einsamkeitsberg« im Weg. Jeden Tag war er vor meiner Nase. Viele Menschen kennen diesen Berg. Er erscheint manchmal sehr groß und wächst mit jeder Stunde, die wir ihn betrachten, weiter in die Höhe.

Einsamkeit ist ein Problem, das heute immer mehr Menschen haben. Ich höre sogar, dass sich Männer und Frauen in einer Menschenmenge einsam fühlen, obwohl dort ja viele um sie herumstehen. Da ist jemand in ihrer unmittelbaren Umgebung, und doch fühlen sie sich einsam und allein. Singlebörsen im Internet boomen derzeit in einem überraschenden Ausmaß. Der Umsatz verdoppelt sich alle fünf Jahre und lag vor kurzem bei weit über 200 Millionen Euro. Wer ständig einsam ist und diesen Zustand nicht will, leidet sehr.

Ich glaube, dass der Einsamkeitsberg auch spricht. Er sagt dir: »Du wirst doch nie einen Partner finden!« – »Du siehst doch nicht attraktiv aus!« – »Niemand wird dich jemals verstehen!« – »Du wirst immer einsam bleiben!« Die Frage ist, ob wir diesem Berg zuhören wollen oder lieber dem, was uns die Bibel sagt.

Gott möchte, dass jeder Mensch einen Partner findet. Er hat uns so geschaffen, dass wir einander brauchen. Bereits auf den ersten Seiten der Heiligen Schrift können wir lesen, dass Gott »Mann und Frau« schuf. Warum tat er das? Was war seine Idee dahinter? »Es ist nicht gut, dass der Mensch allein ist!« (1 Mose 2,18) Gott denkt, es wäre besser für uns, wenn wir Freunde finden würden und auch einen Partner. Dass Menschen allein sind, ist einfach nicht gut. Ich würde diesen Einsamkeitsberg heute ins Meer schicken. Ich würde nicht vor ihm weglaufen, ich würde ihn nicht akzeptieren und ihn auch nicht wegdiskutieren.

Vielleicht ist es heute für dich an der Zeit, diesen Berg ins Meer zu schmeißen. Steh auf, frühstücke, und dann geh in die Stadt. Kauf dir ein schönes Kleid oder einen neuen Anzug. Mach dich schick, putz dich raus!

Mir ist einmal aufgefallen, dass viele Singlemänner, die sich wirklich nach einer Frau sehnen, kaum etwas für ihr Äußeres tun. Sie erzählen mir, wie sehr sie nach einer Partnerin suchen, haben aber fettige Haare und riechen nach Schweiß. Geh diesen Berg an, tue etwas für dich! Und: Warum nicht auch eine Anzeige auf einer dieser Webseiten schalten, was hast du zu verlieren? Ich habe in den letzten Jahren viele Menschen kennengelernt, die auf diesem Weg einen Partner fürs Leben gefunden haben. Ich finde es auch wichtig, Gott zu bitten, dass er dir einen Partner schenken wird. Gib dich nicht mit der Situation zufrieden. Befiehl diesem Berg, dass er sich heute ins Meer schmeißen soll! Sag: »Ich will dich nicht mehr in meinem Leben! Verschwinde in Jesu Namen!« Und dann gehe die Sache an. Der Glaube an Gott wird dir den Mut dazu geben, er kann Berge versetzen.

Was soll eigentlich dieser Nachsatz bedeuten, den manche nach so einem Gebet sprechen? Dieses »in Jesu Namen«? Es bezieht sich auf ein Wort, das Jesus selbst einmal gesagt hat. Im Johannesevangelium im 14. Kapitel, Vers 14 lehrt er seine Schüler: »Wenn ihr in meinem Namen um etwas bittet, werde ich diese Bitte erfüllen.«

Damit ist natürlich nicht irgendeine magische Formel gemeint. Jesus wollte damit ausdrücken, dass ein erfolgreiches Gebet mit dem übereinstimmen muss, was seinen Werten entspricht. In Jesu Namen bedeutet, dass er dieses Gebet unterschreibt, wie einen Vertrag. Dass er es mit seiner Unterschrift bestätigt. Und damit hat es eine besondere Kraft.

Reden wir von einem anderen Berg. Wie ist das mit dem »Leistungsdruckberg«? Dieser Berg redete auch mit uns.

Er sagt uns ständig, wie groß er ist. Und dass wir ihn unbedingt bewältigen müssen. Wir müssen die Besten sein, die Effektivsten und die Schnellsten. Oft steht der Chef hinter diesem Berg. Oder er steht sogar direkt hinterm Schreibtisch und schaut dir ständig über die Schulter. Wer kann schon gute Leistung bringen, wenn er unter einem ewigen Leistungsdruck steht? Sicher ist es gut, sich selbst stetig herauszufordern, das Beste zu geben. Aber wenn Druck dich lähmt, kann man keine Leistung mehr bringen. Ich würde diesen Berg heute ins Meer schmeißen. Ich würde ihm sagen: »Ich lass mich nicht unter Druck setzen! Leistungsdruck verschwinde, in Jesu Namen!« Und dann lehne dich am Schreibtisch zurück, atme einmal tief durch und erledige deinen Job. Es ist gut zu wissen, dass Gott bei einem ist. Er kann jedes Problem lösen, und er wird dir helfen, diesen Berg ins Meer zu versetzen.

Viele Menschen werden auch vom »Geldberg« erdrückt. Der Finanz- oder auch Schuldenberg ist mächtig. Ständig machen wir uns Sorgen um das Geld. Wir können nie genug davon haben. Zu wenig ist es immer. Je höher der Berg ist, desto größer ist seine Kraft. Seine Stimme wird immer lauter. Unsere ganze westliche Gesellschaft wird von ihm bedrängt. Und er kann jeden bis zur Unbeweglichkeit lähmen. Er treibt sogar Millionäre dazu, Steuern zu hinterziehen. Aber Gott ist stärker als der »Geldberg«. Lass dich heute von ihm nicht einschüchtern. Geh diesen Berg an. Verschaffe dir einen klaren Kopf. Und befiehl diesem Ungetüm, sich ins Meer zu versenken. Er darf dir keine Sorgen mehr machen. Sage zu ihm: »Ich lass mich nicht von dir unter Druck setzen! Verschwinde, in Jesu Namen!« Und dann setze dich hin, und plane deine Finanzen neu. Überlege dir in Ruhe und ohne Druck, wo du Geld sparen und wo du neues herbekommen kannst.

Nun hatte Jesus in diesem Wunder von einer Bedingung gesprochen, die erfüllt werden muss, wenn wir diese Berge ansprechen und im Meer versenken wollen. Er sprach von Glauben. Aber nicht nur das. Er sprach vom Glauben und davon, keine Zweifel zu haben. Er sagte:

> »Also, wenn ihr wirklich glaubt und kein bisschen Zweifel daran habt, dass es auch wirklich passiert, dann könnt ihr noch viel krassere Sachen machen. Ihr könntet sogar zu diesem Berg sagen: ›Ab mit dir ins Meer!‹, und der würde glatt abheben und sich ins Meer schmeißen!«[*] (Matthäus 21,21–22)

Es geht hier um einen dreifachen Glauben. Der eine Glaube wird auch oft mit Vertrauen übersetzt. Es geht um eine Beziehung zwischen Mensch und Gott. Eine Beziehung, die Gott vollkommen vertraut. Sie drückt eine große Nähe aus, sie macht sich ganz abhängig von ihm. Man vertraut Gott, man ist ihm sehr nahe. Angst hat da keinen Platz mehr. Angst ist generell ein Glaubenskiller. Wenn man Angst vor Gott hat, fällt es schwer zu vertrauen. Erst recht, wenn man ihn im Gebet um Hilfe bittet. Oder wenn man Berge mit seiner Kraft im Meer versenken will. Wenn ich als Kind Angst vor meinem Vater hatte, habe ich ihn nie um etwas gebeten. Mir war eh klar, dass er meine Bitte nicht erfüllen wird. Dieses Verhalten drückt eine Vorstellung davon aus, wie wir Gott einschätzen. Es sagt etwas über das Bild von diesem Gott aus, das in deinem Kopf steckt. Denkst du, dass er die Menschen gerne bestraft, oder glaubst du eher an seine übergroße Liebe? Ist deine Vorstellung von Gott eher so, dass er weit entfernt ist, oder ist er dir nahe?

Die zweite Auswirkung des Glaubens geht in eine andere Dimension. Es geht um deine Vorstellungskraft, es geht um die Möglichkeiten, die Gott hat. Glaubst du an einen allmächtigen großen Gott oder an einen kleinen? Glaubst du an einen Gott, der heute noch Wunder tun kann, oder sagt dir dein Glaube, die Zeiten der Wunder sind lange vorbei?

Und drittens geht es bei diesem Glauben auch tatsächlich um die Vorstellung, ob Gott dieses Gebet auch erhören wird. Jesus betont das immer wieder. Menschen kommen zu ihm und wollen von ihrer Krankheit geheilt werden. Die Menschen werden dann auch geheilt, und er antwortet ihnen, dass ihr eigener Glaube ihnen geholfen hat. Damit meinte er, dass die Suchenden sich ganz sicher waren: Jesus wird mir helfen! Er wird es tun, weil er es kann. Sie hatten daran keinen Zweifel.

Glaube ist etwas, das mit der Zeit wächst. Er ist wie eine Pflanze in unserem Geist, die begossen und gepflegt werden muss. Sie wird mit der Zeit immer größer, je länger deine Beziehung mit dem Schöpfer anhält und je intensiver sie wird. Mit jedem Tag, den man mit Gott lebt, lernt man ihn besser kennen. Begieße die Pflanze des Glaubens ganz bewusst. Nimm dir vor, heute in deiner Bibel zu lesen, wenn du zwischendrin Zeit hast. Vertraue Gott im Gebet deine Probleme an, die du heute zu bewältigen hast. Benenne sie ganz konkret. Bitte ihn, dir bei der Arbeit zu helfen. Frage bei ihm um Unterstützung in der Uni oder der Schule an. Vielleicht ist auch ein konkreter Berg dabei, den du direkt ansprechen musst. Du solltest diesem befehlen, sich ins Meer zu versenken. Und dann gehe das Problem an, und bewältige es mit Gottes Hilfe. Hab keine Angst, wenn der Berg zu dir spricht. Höre nicht auf ihn, sondern höre auf Gott. Er ermutigt dich immer. Gott glaubt an dich, und er kann dir helfen. Stell dir vor, wie groß er und wie klein im Gegensatz dazu dein Berg ist. Dann wird sich das Problem bewältigen lassen, es löst sich auf durch die Kraft des Glaubens.

Kurzgefasst:

Probleme sind wie Berge. Versetze diese Berge
mit dem Glauben ins Meer.

Bibelstelle:

Matthäus 21,18–22

Gebet:

»Jesus, hilf mir, heute meine Probleme mit dir
gemeinsam zu bewältigen. Ich will keine Angst vor
den Problem-Bergen haben, die mir begegnen
werden. Ich will sie mit deiner Kraft angehen,
ansprechen und ins Meer versenken!«

7:00 Uhr

Für den Anfang einen Latte macchiato

Der Kaffeevollautomat erledigt zuverlässig seinen Dienst. »Caffè latte«, »Café au Lait« oder »Kaffee schwarz«, das Pulver der schwarzen Bohne muss sein! Mittlerweile gibt es in Deutschland Millionen von Kaffeejunkies, und täglich werden es mehr. Vielleicht auch noch einen Orangensaft, wegen der Vitamine? Und dann am besten Vollkornbrot, Biojoghurt und ein Müsli. Oder doch lieber Frischkornbrei? Zum Abschluss vielleicht noch ein Zigarettchen auf dem Balkon? Dann kann es erst so richtig und mit voller Kraft losgehen.

Forscher der Universität Parma und Verona haben herausgefunden, dass ein geschickt gewähltes Frühstück die Verbrennungsprozesse im Körper die folgenden 24 Stunden maßgeblich positiv beeinflusst. Die Ernährung am Morgen ist elementar wichtig, um uns auf die Herausforderungen des Tages gut vorzubereiten. Isst jemand zu viel Zucker und Schokoladenprodukte, braucht der Körper alle Kraft für die Verdauung. Das Blut sammelt sich im Magen und Darm statt im Gehirn. Und dort fehlt es dann für einen guten Start in den Tag.

Der Zusammenhang von Gesundheit, Wohlbefinden und Ernährung ist offensichtlich. »Man kann sich gesund und man kann sich krank essen«, schrieb der Ernährungswissenschaftler Sven David Müller. Und er hat recht. Aber das ist nicht alles.

Schon vor Ewigkeiten haben Menschen festgestellt, dass unser Körper nicht nur aus Haut und Knochen besteht. Es gibt, neben dem, was man anfassen kann, auch etwas, das dazwischen liegt.

Paulus schreibt im 1. Thessalonicherbrief, dass »Geist, Seele und Leib« bewahrt werden müssen. Wenn er mit Leib unseren Körper meint, dann ist das auch eine Aufforderung, uns um diesen Körper mit einer richtigen Ernährung zu kümmern. Mit der Seele meint Paulus unsere Psyche, die Gedankenwelt, das wird an anderer Stelle deutlich. Und mit dem Geist meint er den Ort, wo unser Glaube entsteht und wächst, wo wir geistliches Denken und Handeln praktizieren. Aus dem Geist kommen unsere Gebete, und in unserem Geist wächst die Pflanze des Glaubens.

Der Leib ist mit der Seele und dem Geist verbunden. Geht es dem Leib schlecht, drückt sich das in den Gefühlen, in der Seele, aus. Wir haben Schmerzen, uns geht es nicht gut. Umgekehrt können wir aber auch dem Körper etwas Gutes tun, zum Beispiel in die Sauna gehen oder Sport treiben. So wirkt sich ein positiver Umgang mit dem Körper auf die Seele aus. Und dies wiederum beeinflusst den Geist. Je nachdem, wie wir gepolt sind, können uns zum Beispiel körperliche Schmerzen ins Gebet zu Gott bringen. Der Körper wirkt dabei auf den Geist. Sie können unseren Geist aber auch negativ beeinflussen, wir sind sauer auf Gott und entfernen uns von ihm. Im positiven Sinne kann ein körperliches Hochgefühl uns dazu bringen, Gott zu loben und ihm zu danken. Das hab ich selbst schon oft erlebt.

Umgekehrt beeinflusst die Seele aber auch unseren Körper. Sind wir depressiv, traurig, zornig oder frustriert, dann verkrampfen wir uns oder weinen oder fühlen einen Druck im Hals oder auf der Brust. Es wirkt sich auf unseren Körper aus.

Die Seele ist wiederum mit dem Geist verbunden. Hat jemand einen festen Glauben, kann ihn emotional nichts mehr erschüttern. Er kann mit Katastrophen und Schmerzen besser umgehen. Und der Geist kann zu einer großen Quelle des Glücks werden. Haben wir einen festen Glauben, kann dieser Glaube uns auf einem stetigen hohen emotionalen Level halten. Das erleben tagtäglich Millionen von Menschen auf der ganzen Welt. In einer groß angelegten Studie in Europa wurde vor wenigen Jahren festgestellt, dass gläubige Menschen zufriedener sind als nichtgläubige. Sie kommen leichter mit negativen Erfahrungen wie Jobverlust oder Scheidung zurecht. Das zusammenfassende Ergebnis besagt: Der Glaube an Gott hat einen entscheidenden Einfluss auf das Glück eines Menschen.

Viele Prediger, Pfarrer und Pastoren sagen, dass in der westlichen Welt der Geist nicht wirklich wertgeschätzt, geschweige denn wahrgenommen wird. Wir setzen mehr auf das Materielle, auf Dinge, die man anfassen kann. Geht es uns schlecht, gehen wir zu einem Arzt. Das verschriebene Medikament, die Pille oder der Saft, wird uns heilen. In anderen Teilen der Welt, zum Beispiel in Asien, ist das aber ganz anders. Im Buddhismus sorgt man sich um den Geist, er muss gereinigt und in einen friedvollen Zustand gebracht werden. Die Hindus sehen den Geist als eine immaterielle Form an, die sowohl im Menschen als auch im ganzen Kosmos zu finden ist. Es ist wichtig, durch geeignete spirituelle Übungen seinen Geist in eine höhere Form zu erheben. Man geht im Hinduismus davon aus, dass sich die Menschen nicht alle auf derselben geistlichen Ebene befinden, und schlägt ein Drei-Stufen-Modell vor. Mit jeder Stufe wird der Geist auf eine höhere Ebene gebracht.

In unserer westlichen, materiell geprägten Welt scheint man sich der Tatsache kaum bewusst zu sein, dass der

Mensch nicht nur aus einem Körper besteht. Daher kommt es, dass wir mit unserem Geist und auch mit unserer Seele wenig pfleglich umgehen. Er ist wie ein altes Fahrrad, das auf dem Hof in der Ecke steht und vor sich hin rostet. Es wird ja nicht gefahren, daher muss es auch nicht gepflegt, geölt, gewartet, geschweige denn geputzt werden. Ihm wird kaum Beachtung geschenkt, wir kümmern uns nicht darum. Dabei ist der Geist ein so wichtiger und auch mächtiger Teil unseres Lebens. Und er ist die ganze Zeit da, auch wenn wir ihn nicht wahrnehmen. Er beeinflusst letztendlich alles.

Ich kannte einmal eine Frau, die sehr stark mit Selbstmordgedanken zu kämpfen hatte. Fast jede Woche kam sie zu mir und wollte, dass ich für sie bete. Ihre dunklen Gedanken waren sehr stark und übermannten sie förmlich. Sie malte sich dann immer aus, an welchem Ort und mit welchen Mitteln sie Selbstmord begehen würde. Mal war es ein Zug, vor den sie sich schmeißen wollte. Sie stellte sich dann ganz genau vor, welcher Zug es sein sollte und an welcher Stelle es passiert. Dann war es wieder die Rasierklinge, mit der sie sich die Pulsadern aufschneiden wollte, oder das Seil, mit dem sie sich aufhängen würde. Diese Phantasien gaben ihr zuerst ein gutes Gefühl. Sie verschafften ihr eine Form der Erleichterung, wie ein Ventil, mit dem man Dampf ablassen kann. Aber gleichzeitig zogen sie diese Frau wie ein Strudel immer tiefer hinab in die dunkelste Depression. Sie saß bewegungslos in ihrem Zimmer, rührte sich über Stunden kaum, wie gelähmt.

Nachdem wir uns sehr oft ohne Erfolg unterhalten und auch lange gebetet hatten, lud sie mich eines Tages zu sich nach Hause ein. Als ich das Zimmer betrat, sah ich mich einmal um. Eines der ersten Dinge, die ich mir bei fremden Leuten anschaue, ist das Bücherregal, dicht gefolgt von der DVD- oder Blu-Ray-Sammlung. Abschließend stöbere ich gern auch in der Musikauswahl herum. Für mich gilt das

Motto: »Zeig mir deine Bücher, und ich weiß, wer du bist!« Bücher sagen oft mehr über einen Menschen aus als Berufsausbildung, Titel oder Familienzugehörigkeit. Nach einer Weile wurde ich etwas stutzig. Viele der Medien, die sie dort stehen hatte, verbreiteten eine depressive Stimmung. Sie fütterten ihren Geist mit negativer Nahrung, er wurde angefüllt mit Dunkelheit, Frust, Angst und Depression. Ich fragte sie: »Warum hast du denn diese ganzen dunklen Sachen im Regal stehen?« – »Ich brauch das irgendwie«, war ihre Antwort. Nach unserem Gebet schlug ich vor, ob sie sich für eine Woche einmal mit anderen Dingen beschäftigen könnte. Ich verordnete ihr positive Klänge. Es gibt auch auf dem christlichen Markt mittlerweile einige gute Titel. Dabei waren mir die Musikstile nicht wichtig. Sie sollte auf die Texte achten, das, worüber die Künstler sangen. Sie sollte auf die Gesamtaussagen des Werkes schauen. Bauen sie ihren Geist eher auf oder eher ab? Verbreiteten sie etwas Positives oder etwas Negatives? Wurde sie innerlich dadurch gestärkt oder eher geschwächt? Das Gleiche machten wir mit Büchern und Filmen.

Die Wirkung war enorm. Bereits nach drei Wochen stand mir ein völlig ausgewechselter Mensch gegenüber. »Mir geht es so gut!«, strahlte sie mich an. Wir beschlossen, mit einem großen Müllsack durch ihre Sammlung zu gehen. Alles, was sie geistlich eher runterzog, wanderte in den Müll. Betroffen waren Bücher, Zeitschriften, Zeitungen, Filme und Musik. Nun hatte diese radikale Veränderung bestimmt nicht nur mit dem veränderten Medienkonsum zu tun. Es ging auch um Gedankenmuster und ein sehr negatives Selbstwertgefühl. Aber mit Sicherheit hatte der Konsum dieser Texte auch einen negativen Einfluss auf ihren Geist. Denn sie ernährte ihn mit diesem dunklen Gedankengut. Es war wie Gift für ihre sowieso schon depressive Grundeinstellung.

In der Bibel gibt es eine sehr lehrreiche Aussage zum Thema geistliche Ernährung. Sie steht im Hebräerbrief im 5. Kapitel. Dort kritisiert vermutlich ein Judenchrist an den Hebräern, dass sie im geistlichen Sinne eher »Milch« statt »feste Nahrung« zu sich nehmen. Ihre unzureichende geistliche Ernährung führe dazu, dass sie noch nicht richtig verstehen könnten, worum es im Leben mit Gott eigentlich geht. In der Volxbibel wird diese Stelle ab Vers 12 so wiedergegeben:

> »Also, eigentlich seid ihr schon so lange mit Jesus unterwegs, dass ihr bereits den schwarzen Gurt im Glauben haben müsstet. Aber anstatt anderen etwas beizubringen, seid ihr wieder beim Abc gelandet. Ihr braucht geistliche Babynahrung anstatt Schwarzbrot. Wenn ein Mensch aber bei der Babynahrung stehen geblieben ist, dann kann er auch noch nicht so richtig begreifen, worum es im Leben mit Gott eigentlich geht. Er hat die Worte von Gott noch nicht richtig verstanden, er ist ja im Grunde noch ein Babychrist.«[*]

Es wird also ein Zusammenhang hergestellt zwischen der geistlichen Ernährung und dem Glauben. Es ist von Schwarzbrot und Babynahrung die Rede. Das eine ist nahrhaft und gesund. Schwarzbrot enthält alle wichtigen Vitamine und Mineralien, regt die Verdauung an, ist voller Ballaststoffe. Babynahrung ist gut für einen gewissen Lebensabschnitt. Aber wenn man größer, stärker und erwachsener werden will, braucht es etwas anderes. Es macht sogar krank, man leidet unter Mangelernährung. Und das gilt auch für den Glauben.

Ich übertrage diese Bibelstelle auf den Konsum von Predigten und Büchern, in denen es um Glaubensfragen geht. Es gibt Christen, die sich nur »geistliche Hamburger« zu Gemüte führen. Das sind christliche Bücher, in denen es um einfache Dinge geht. Sie versprechen uns das schnelle Glück oder eine sofortige Sättigung. Doch meistens funktioniert das mit geistlichen Dingen nicht. Erst wenn man die etwas schwer verdaulichen Aussagen der Bibel an sich rangelassen und verdaut hat, füllt sich der Magen dauerhaft. Eine Jugendfreizeit, eine geistliche Konferenz oder auch der Kirchentag sind nette Häppchen für den geistlichen Hunger zwischendurch. Sie inspirieren. Aber für eine ausgewogene, gesunde, geistliche Ernährung halten sie nicht lange vor. Es ist wie ein Stück weißer Toast am Morgen. Gleich danach fühlt man sich gut. Du kommst von der Konferenz oder der Freizeit nach Hause und fühlst dich satt und zufrieden. Doch der Hunger kommt schnell zurück, es befriedigt den Geist nicht lange. Erst wenn wir uns immer wieder tiefer in die Bibel hineinknien, wenn wir an den Texten arbeiten und uns wirklich die Inhalte erschließen lassen, werden wir auf lange Sicht geistlich satt.

Das gilt übrigens auch für das Lesen der Tageszeitung. Mir geht es oft so, dass ich nach der Lektüre eines Boulevardblatts mich ganz komisch fühle. Es ist fast so, als würde mein Geist durch das Lesen des Blattes und die dazugehörigen großen Bilder runtergezogen. Ich laufe für die nächsten Stunden mit einem negativen Gefühl herum. Negative Schlagzeilen in großen Lettern lassen mich mit dem Schlimmsten rechnen. Die nächste Katastrophe wartet um die Ecke. Es ist alles so schlimm und ohne Hoffnung. Man kann natürlich jede Zeitung lesen, und auch gegen kritischen Journalismus ist nichts zu sagen.

Aber wäre es nicht eine gute Idee, heute gegen jede Schreckensmeldung einen Abschnitt aus der Bibel zu lesen? Oder sich ein Kapitel aus einem geistlichen Buch zu gönnen, das aufbaut und nicht zersetzt? Vielleicht solltest du auch deine Musik bewusster auswählen. Wie gesagt: Ich meine damit nicht nur die Töne, sondern vor allem die

Inhalte. Ich kann das nicht wissenschaftlich beweisen. Aber nach meiner Erfahrung gibt es Musik, die hochzieht, und andere, die runterzieht. Das ist sicher von Musikgeschmack zu Musikgeschmack verschieden. Für den einen ist Schlagermusik Labsal für die Seele, für den anderen ist sie Folter. Aber die Texte, die man laut oder leise mitsingt, können uns schon schwer im geistlichen Magen liegen. Ich wundere mich manchmal, was wir da an Aussagen ganz unbedenklich vor uns hin trällern. Achte einmal darauf, wenn du irgendein Lied zufällig aus dem Radio aufschnappst.

Neulich habe ich mir bestimmt fünf Stunden am Stück Videos auf YouTube angeschaut. Auch hier gilt dasselbe Prinzip. Du glaubst, was du schaust. Es beeinflusst dein Denken, dein Fühlen und auch deine Beziehung zu Gott. Es gibt viele negative Videos im Netz, die so gut gemacht sind, dass einem am Ende ganz schwindelig wird. Themen über Weltverschwörung, die Illuminaten, CIA. Mit pseudowissenschaftlichen Argumenten und Materialien werden Halbwahrheiten und obskure Theorien verbreitet. Man behauptet, die westliche Welt werde von Geheimbünden kontrolliert und gesteuert. Am Ende bleibt eigentlich nur die logisch Konsequenz, niemandem mehr zu vertrauen, sich im Zimmer einzuschließen und die Decke über den Kopf zu ziehen. Es ist sicher wichtig, sich damit auseinanderzusetzen. Aber gibt man sich zu viel davon, wird der Geist runtergezogen, er wird von den Inhalten förmlich zersetzt. Wir kriegen geistliches Bauchweh.

Aber auch das Gegenteil ist der Fall. Es gibt viele sehr gute, aufbauende Videos auf YouTube. Inhalte, die uns weiterhelfen, eine neue Perspektive vermitteln, Mut machen. Filme, die aufklären und Wahrheiten ans Licht bringen. Es ist die Frage, was wir uns dort täglich reinziehen und was nicht. Was baut deinen Geist auf und was turnt ihn ab? Welche Ernährung stärkt deinen Glauben und welche zersetzt ihn eher? Was tut dir gut und was schadet dir?

Geht es um eine gesunde geistliche Ernährung, habe ich ein paar Tipps für dich. Einen kleinen Bibelsnack am frühen Morgen bieten die sogenannten Herrnhuter Losungen. Man kann sie in jedem Buchladen bestellen. Die Losungen werden seit 1731 jedes Jahr von einer Gemeinde in dem Ort Herrnhut unter Gebet aus einem Topf gezogen. In dem Topf liegen nur Bibelstellen aus dem Alten Testament. Zu jedem Text wird nun eine passende Stelle aus dem Neuen Testament ausgesucht. Dazu kommen noch Lehrtexte sowie ein Lied oder ein Gebet. Man kann die Losungen täglich zwischendrin lesen, darüber nachdenken, sich Notizen machen und Gott kurz antworten. Zu diesen Losungen gibt es auch einige Alternativen. Eine gute Beratung in einer christlichen Buchhandlung wird dir noch weitere Möglichkeiten für dein geistliches Frühstück empfehlen können. Im Internet findest du weitere Möglichkeiten. Kostenlos wird vom Volxbibel-Team jeden Tag über Twitter und einen E-Mail-Service eine Art Losungstext unter Gebet ausgewählt und verschickt. Infos dazu findest du bei Google.

Die Seite Jesus.de verschickt an ihre User jeden Tag eine Bibelstelle mit einer kurzen Auslegung.

Richtig gut ist das tägliche Seelenfutter der Webseite www.gekreuzsiegt.de/seelen-futter. Seit über drei Jahren verschickt die Bloggerin Mandy jeden Tag einen neuen Text mit einer ermutigenden, geistlichen Andacht.

Wer es etwas deftiger haben will, kann sich einen Bibelleseplan besorgen. Diese Pläne gibt es kostenlos im Internet. So ein Plan bietet die Möglichkeit, sich einmal im Jahr durch die ganze Bibel zu lesen. Es gibt auch Pläne, die eine Reise durch die Bibel in zwei Jahren ermöglichen. Sie sind in größere Abschnitte eingeteilt, es gibt also nicht nur ein paar Verse pro Tag. Für die Lektüre braucht man ca. 30–45 Minuten. Meistens besteht sie immer aus einem kurzen Text aus dem Neuen und einem längeren Text aus dem Alten Testament. So eine Praxis würde ich schon als geistliches Schwarzbrot bezeichnen.

Wer es lieber »à la card« haben will, sollte sich vielleicht eine gesprochene Bibelauslegung auf das Smartphone laden oder am heimischen PC hören. Es gibt mittlerweile unendlich viele Predigten, die als MP3 online gestellt sind. Da ist an theologischen Ausrichtungen und unterschiedlichsten Kirchen wirklich alles dabei. Von sakralen Katholiken bis sektenähnlichen Chaoten.

Ich mache es immer so, dass ich zuerst bete. Dann frage ich Gott, was ich mir heute anhören soll, er soll mir mein geistliches Menü für diese Mahlzeit zusammenstellen. Manchmal kommt mir dann ein Name in den Sinn. Manchmal ist es auch nur ein Thema. Habe ich plötzlich den Namen »Peter« im Kopf, dann suche ich bei Google nach »Peter Predigt mp3«. Der erste Treffer ist meine Wahl, den höre ich mir an. Kommt aber so ein Wort wie »Freude«, dann suche ich nach »Freude Predigt mp3«. Oder »Frust«, dann suche ich nach »Frust Predigt mp3«. Ich habe mir diese Methode ausgedacht und konnte damit schon sehr viele gute, aufbauende und auch lustige Erfahrungen machen. Natürlich gibt es auch viele gehaltvolle geistliche Bücher, die man im christlichen Buchladen oder auch im Internet bestellen kann. Hier sind der Phantasie keine Grenzen gesetzt.

Es ist nur wichtig, auf das zu achten, womit man seinen Geist füllt. Je besser du dich geistlich ernährst, desto glücklicher wirst du sein.

Kurzgefasst:

Der Mensch besteht aus Geist, Seele und Leib.
Achte darauf, wie du deinen Geist ernährst.

Bibelstelle:

Hebräer 5,12+13

Gebet:

»Jesus, danke, dass du mir einen Geist gegeben hast.
Ich bin damit nicht sehr gut umgegangen.
Aber heute will ich es tun. Ich möchte mich
geistlich gesund ernähren und ungesunde Dinge
aus meinem Leben fernhalten.«

8:00 Uhr

Sehnsucht nach Anerkennung

Jetzt geht's los. Der Tag beginnt. Die Vorlesung startet gleich. Oder die erste Stunde in der Schule. Vielleicht bist du auch gerade im Bus und fährst zur Arbeit. Der Weg dorthin kann oft schon den ersten Stress verursachen.

Neulich fuhr ich mit der Straßenbahn in die Stadt. Es war nur noch ein Platz frei, sechs Leute hätten ihn gern gehabt. Der ältere Herr mit den spitzen Ellenbogen machte das Rennen. Ein Hüftschwenker rechts, ein Tritt nach links, und schwupps saß er auf dem schmalen Sitzplatz. Eine schwangere Frau musste stehen, sie war nicht schnell genug. Ich hab mich heftig darüber aufgeregt.

Etwas später wollte ich noch schnell in den Supermarkt, um mir ein Brötchen für die Pause zu kaufen. In der Schlange stand eine Frau vor mir. Sie vermittelte das Gefühl, man müsste sich noch dafür entschuldigen, dieselbe Luft einzuatmen wie sie. Mit einem bösen Blick wurde ich abgestraft. Nur weil ich gezwungenermaßen etwas dicht hinter ihr stand.

Doch dann platzte die Bombe. Mir fiel plötzlich die Brötchentüte aus der Hand. Ich beugte mich vor, um sie wieder aufzuheben, da hatte ich auch schon eine Klatsche im Gesicht. Was mir denn einfallen würde! Ob ich nicht besser aufpassen könnte! Früher hätte man solche Leute wie mich in eine Erziehungsanstalt gesteckt. Na super, der Tag fängt ja gut an!

Schließlich bin ich im Büro. Das Erste, was ich höre, ist: Mein Chef will mit mir sprechen. Und dann werde ich gefaltet. Ich habe einen Fehler gemacht. Es war kein schlimmer Fehler, aber dennoch haben mich seine Worte hart getroffen. Der Tag war gelaufen, ich war völlig am Boden. Ich muss gestehen, dass sowohl Kritik als auch unfreundliche Reaktionen bei mir immer große Wirkung zeigen. Kritisiert zu werden, mag ich nicht. Es macht mich fertig. Es zieht mich runter. Manchmal zieht es mir sogar den Boden unter den Füßen weg. Aus irgendwelchen Gründen brauche ich die positiven Bestätigungen. Werde ich gelobt, geht es mir gut. Werde ich kritisiert, geht es mir schlecht. Krieg ich ein Lächeln, freu ich mich. Krieg ich aber einen tödlichen Blick, trifft es mich hart. Kennst du das auch?

Eigentlich will ich das nicht. Ich möchte aus diesem Rennen nach Bestätigung und Lob aussteigen. Ich möchte so ein unerschütterliches Selbstwertgefühl haben, dass Lob und Kritik mich nicht immer gleich aus der Bahn werfen. Es gab mal eine Zeit in meinem Leben, in der ich von vielen Menschen hochgejubelt wurde. Man bezeichnete mich als das große Vorbild, ein evangelisches Magazin wählte mich sogar zum »Christen des Jahres«. Heute ist mir das peinlich. Ich bekam Einladungen als Hauptsprecher auf evangelischen Konferenzen. Mein Konterfei landete auf Magazinen und Zeitschriften. Das ging einige Monate so. Doch kurze Zeit später kehrte sich der ganze Hype ins Gegenteil um. Auf einmal wurde vor mir gewarnt. In christlichen Magazinen konnte man von meinem Absturz lesen. Die Geschichte über meinen Drogenrückfall ging rum, überall in Deutschland. In Foren schrieben Menschen sogar, dass man ja schon immer gewusst habe, ich sei in Wirklichkeit nie ein richtiger Christ gewesen. In den Augen vieler Menschen hatte ich an Glaubwürdigkeit verloren. Was war zwischen Aufstieg und Rückfall passiert?

Ich hatte in einigen Punkten nicht so gelebt, wie es die Leute von mir erwartet hatten. Ich war ausgepowert, konnte nicht mehr schlafen und habe in der Depression wieder zu Drogen gegriffen. Dann ist meine Ehe gescheitert. Mein Leben war damals am Boden.

Sicher hatte ich großen Mist gebaut. Aber die Verurteilung durch die Menschen war fast genauso schwer zu tragen wie mein Rückfall.

Sehr viel später musste ich mir die Frage stellen: War ich für Gott eigentlich der »Christ des Jahres«, als ich noch ganz oben war? Um ehrlich zu sein, kann ich das heute nicht wirklich glauben. In mir war zu der Zeit so viel falscher Stolz und Arroganz. Ich war ein wirklich oberflächlicher Zeitgenosse, hatte nur die einfachen Antworten auf die Probleme anderer Menschen parat. Selbstgerecht und eingebildet bin ich durch die Gegend gelaufen. Aber dann stürzte ich aus den Höhen ganz nach unten. Rückfall über viele Jahre, bis zu einer Überdosis. Und alle haben davon erfahren. An den Folgen der Hirnschädigung habe ich bis heute zu leiden. Auf einmal war ich sehr schwach und bedürftig. Mir wurde mit jeder Zelle meines Körpers bewusst, wie sehr ich Gott brauche. Ich war auf seine Liebe und Gnade angewiesen, denn mein Leben taugte nicht mehr, um mir ein gutes Selbstwertgefühl zu geben.

Ich fragte mich (und auch Gott): Ist seine Liebe davon abhängig, ob ich ein fehlerloses, christlich perfektes Leben führe? Oder liebt er mich auch so, wenn ich der letzte Heuler bin und auf ganzer Linie versagt habe? Die Antwort aus dem Himmel kam prompt und unerwartet. Er zeigte mir: In dieser Situation war ich Gott viel näher, ich war an seinem Herzen angekommen. Er konnte mich und meinen Charakter jetzt, in der Krise, erst wirklich verändern. Denn ich war auf einmal bereit dazu. Vielleicht wäre ich gerade jetzt, als ich für viele der »Looser des Jahres« war, bei Gott zum »Christen des Jahres« gewählt worden.

In der Bibel gibt es einige interessante Aussagen zum Thema Selbstliebe. Der Apostel Paulus schreibt in seinem
Brief an die römische Gemeinde im 5. Kapitel, Vers 8 Folgendes:

> »Gott ist aber noch derber drauf als das. Er beweist
> seine Liebe für uns dadurch, dass Jesus für uns gestor-
> ben ist, obwohl wir sogar noch total dreckig und
> schlecht waren.«[*]

Martin Luther übersetzt hier, dass Jesus für uns am Kreuz
gestorben sei, obwohl wir noch »Sünder« waren. Man
muss sich klarmachen, dass »Sünder« nicht nur so ein kleines Ding ist. Wenn in der Bibel das Wort gebraucht wird,
dann will sie damit sagen: Ein Sünder kann mit Gott überhaupt nicht zusammenkommen. Sünde und Gott sind das
totale Gegenteil. So wie Feuer und Wasser. Oder Borussia
Dortmund und Bayern München. Gott hasst die Sünde,
denn sie hat das Liebste zerstört, was er hatte: die innige
Beziehung zwischen ihm und seinen Menschen.
Die Bibel erzählt uns, dass Eva in einen Apfel gebissen hat.
Doch es ist nicht der Biss, sondern der Schiss, den sie vor
Gott hat. Nicht der Apfel, sondern ihr Misstrauen wurde
zum Problem. Wer sündigt, sagt Gott: Ich glaube dir nicht!
Ich glaube nicht, dass deine Idee vom Leben gut ist! Es ist
wie ein Tritt in seine Magengrube. Kein Mensch würde einen noch lieben, wenn er immer wieder so hart getreten
wird. Aber dann kam Jesus. Und mit Jesus wurde alles anders. Gott wollte durch diesen Jesus ein klares Statement
abgeben. »Ich liebe euch, egal was ihr tut!« – »Meine Liebe ist nicht an das gebunden, was ihr sagt oder wie ihr
lebt!« – »Ich liebe euch immer gleich!« In einer weiteren
Stelle in der Bibel, und zwar im ersten Brief von Johannes,
kann man Folgendes lesen. Es bestätigt diese Aussage
noch einmal: »Gott hat seine Liebe allen Menschen ge-

zeigt, indem er seinen einzigen Sohn zu uns in die Welt geschickt hat.«

Ich finde es erstaunlich, wie schwer es fällt, diese Aussage wirklich zu glauben. Wir machen unseren Wert doch immer wieder daran fest, was wir leisten und ob Menschen uns dafür applaudieren. Sind wir beliebt, fühlen wir uns gut. Sind wir unbeliebt, fühlen wir uns schlecht. Haben wir Erfolg, fühlen wir uns gut. Haben wir keinen Erfolg, fühlen wir uns schlecht. Geht man gut mit uns um, sind wir oben. Geht man schlecht mit uns um, sind wir down. Mir scheint es manchmal so, als würden wir uns alle in einem großen Wettrennen befinden. Ein Wettrennen um Anerkennung und Liebe. Jeder will dieses Rennen gewinnen, will ganz vorn stehen, will am meisten geliebt werden. Aber diese Liebe von Menschen will verdient sein. Wir müssen darum kämpfen, wir müssen dafür arbeiten. Die einen verhalten sich so konform wie möglich, weil sie Angst haben, irgendwo anzuecken. Wer aneckt, bekommt negative Sprüche, wird nicht geliebt. Andere wiederum versuchen genau das Gegenteil, sie fallen auf. Jede Reaktion auf ihr Äußeres oder ihr Verhalten deuten sie als ein Zeichen der Aufmerksamkeit, als ein Zeichen von Liebe. Ich bin viele Jahre jeden Sommer nach La Gomera in die Ferien gefahren. Da gab es einen älteren Herrn, der immer mit einem auffälligen Irokesen-Haarschnitt rumgelaufen ist. Wir haben nie miteinander geredet, aber ich bin mir sicher: Er war bestimmt ein feiner Kerl. Nur mit seinem Haarschnitt stimmte etwas nicht. Ich hatte immer das Gefühl, dass er den eigentlich nur trägt, um aufzufallen. Stolz lief er an der Promenade auf und ab und präsentierte sich und seinen Haarschnitt den staunenden Gästen. »Schaut mal her. Ich bin radikal. Ich bin anders. Ich habe einen Iro!« Aber eigentlich wollte er uns damit sagen: »Schaut mal her. Ich möchte eure Aufmerksamkeit. Ich möchte, dass ihr mich liebt!«

Diese Sehnsucht nach Liebe treibt die unglaublichsten Blüten. Eine gute Freundin von mir verfolgt diese Model-Serien im Fernsehen. Dass Frauen schön aussehen wollen, ist etwas Natürliches, ich finde es gut. Aber hier geht es ja nur noch um das eine, nämlich schön zu sein. Das Äußere bestimmt den Wert. Viele dieser Frauen würden sich wertlos fühlen, hätten sie nicht ihren schönen Körper. Ich finde das schlimm. Warum machen wir unseren Wert daran fest, ob wir einen Knackarsch haben oder nicht? Warum macht es uns wertvoller, wenn wir lange Beine haben? Wer legt das eigentlich fest?

Ich finde, es darf nur einen geben, der das festlegen kann, und das ist Gott. Er hat uns geschaffen. Jeder Mensch ist auf eine gewisse Art schön, er ist einzigartig. Als Gott dich gemacht hat, war es eine perfekte Schöpfung. Er findet dich toll, und er liebt dich so, wie du bist. Wir können aus dem Rennen nach Anerkennung getrost aussteigen. Gott liebt uns so, wie wir sind, was will man da noch weiter laufen und kämpfen? Lass dich von Gott wirklich lieben! Ich bin mir sicher, wenn wir nur diese eine kleine Wahrheit wirklich verstanden hätten, wir wären frei! Wir könnten viel lockerer damit umgehen, wenn uns jemand kritisiert. Denn die Kritik könnte ja nicht mehr an unserem Selbstbewusstsein kratzen, es bliebe davon unberührt. Auch Hass, Aggression und spitze Ellenbogen im Supermarkt an der Kasse wären nicht in der Lage, uns wirklich aus der Ruhe zu bringen.

Gott liebt mich ohne Ende. Er hat meinen Wert in seiner Liebe festgeschrieben. Und niemand kann etwas daran ändern.

Kurzgefasst:

Sich selbst zu lieben ist wichtig. Hör auf, um die
Liebe von Menschen krampfhaft zu kämpfen.
Du kannst dich so annehmen, wie du bist,
weil Jesus dich auch so angenommen hat.
Er liebt dich ohne Ende.

Bibelstellen:

Römer 5,8; 1 Johannes 4,9

Gebet:

»Danke, Jesus, dass du mich wirklich liebst.
Das möchte ich noch tiefer verstehen.
Ich möchte frei sein vom Kampf um Liebe und
Anerkennung durch andere Menschen.«

Arbeit – Segen oder Fluch?

Jeden Tag dasselbe. Wir müssen arbeiten. Wir müssen malochen. Wir müssen etwas tun, um für unseren Unterhalt zu sorgen. Und wir sind genervt deswegen, mal mehr und mal weniger. Letztendlich dient doch alles nur dazu, Geld zu verdienen. Denn irgendwie müssen ja die Handyrechnung, die Kleidung, die Miete und der Einkauf im Supermarkt bezahlt werden. Wir müssen arbeiten, um leben zu können.

Auch wenn wir zur Schule gehen oder in die Uni, steht am Ende das gleiche Ziel. Lernen, studieren, fortbilden für eine zukünftige Arbeit. Du gehst in die Schule und versuchst ein guter Schüler zu werden. Warum? Damit du später einen besseren Beruf hast. Und dann wählst du den für dich besten Job und machst die dazu passende Ausbildung. Vielleicht beginnst du sogar ein Studium aus genau diesem Grund. Deine Existenz auf dieser Erde gründet auf einem Ziel: arbeiten.

Ich habe mich einmal hingesetzt und gerechnet. Ein Mensch verbringt ca. 75 000 Stunden in seinem Leben auf seinem Job.

Mal im Vergleich: In 2013 wurde in einer Umfrage festgestellt, dass wir im Schnitt 350 Stunden des Lebens im Gebet verbringen. Übrigens liegt diese Zeit gleichauf mit den Stunden, die wir einen anderen Menschen küssen. Nun, der Vergleich gefällt mir.

Aber ich frage mich: Ist das jetzt wirklich der Sinn unseres Lebens? Geht es vor allem ums Arbeiten? Ist das gut für uns oder eher ein Fluch? Woher kommt dieses Konzept überhaupt?

Die Bibel ist ein dickes Buch. Und doch gibt es kein Werk auf der Welt, das unsere Kultur und Zivilisation so geprägt hat, wie dieses. Was hat sie für eine Antwort auf diese Frage?

Jeder Beginn eines Buches ist bekanntlich besonders wichtig. Die Bibel fängt mit einer sehr interessanten Erzählung an. Es geht um die Schöpfung; darum, wie Gott das Weltall, die Erde und die Menschen gemacht hat. Und schon hier wird von einem Sinn und Zweck des Lebens geschrieben. Gott hat uns eine konkrete Aufgabe übertragen. Dort kann man im 1. Buch Mose, Kapitel 1 im 26. Vers lesen: »Gott sprach: Ich will Menschen machen, die sollen mein Ebenbild sein und über die Fische im Meer, über die Vögel am Himmel, über das Vieh, über die ganze Erde und über alles herrschen, das darauf ist.« Etwas später steht dort: »Gott nahm den Menschen und setzte ihn in den Garten Eden, damit er ihn bebaut und bewahrt« (Kapitel 2, Vers 15).

Was können wir aus dieser Bibelstelle herauslesen? Anscheinend war es von Anfang an Gottes Idee, dass wir den Garten Eden bebauen und uns um ihn kümmern! Es war in seinem Plan, dass der Mensch arbeitet. Ich finde das sehr interessant. Das muss doch auch bedeuten, dass Gott mit der Erfindung von Arbeit etwas Gutes im Sinn hatte. Oder? Wir haben von ihm eine Aufgabe bekommen, wir sollen im Garten Dinge anpflanzen und uns um unsere Ernährung selber kümmern. Der Garten Eden steht für die Natur. Aber auch für die Agrarwirtschaft, also für alles, was man anpflanzen und essen kann. Gott wollte uns von den Früchten unserer eigenen Arbeit ernähren. Arbeit sollte unserem Leben einen Sinn geben.

Aber wo finden wir so eine Einstellung noch? Auf meinen Arbeitsstellen wurde mir oft nur das Gefühl vermittelt, der Sinn der Arbeit sei der Urlaub hinterher. Oder die Freizeit, der Feierabend. Das sei der eigentliche Sinn des Lebens. Alles, was sich drumherum abspiele, sei nur ein notwendiges Übel.

Dabei war es von Gott eigentlich umgekehrt gedacht. Arbeit sollte unsere von Gott gegebene Aufgabe sein! Das war sein erster Plan.

Es ist doch so: Überall begegnen uns Menschen, die stöhnen, wenn sie zur Arbeit gehen. Ihr eigentliches Leben findet nur am Wochenende statt: von Samstag nach dem Aufstehen bis Sonntag kurz vor dem Zubettgehen. Man kommt Freitag völlig kaputt von der Arbeit, sieht noch etwas fern und legt sich ins Bett und schläft. Samstagmorgen steht man auf und beginnt zu leben. Es wird gefeiert, ins Kino gegangen, etwas mit der Familie gemacht. Und Sonntagmittag bereitet man sich schon gedanklich wieder auf die nächste Woche vor. Ab Montagfrüh geht's wieder im alten Trott weiter. Der Rest der Woche wird irgendwie durchgebracht. Es ist mühsam, man hat keine große Lust zu arbeiten. Ich frage mich: Leben wir wirklich nur für zwei Tage in der Woche?

Wie kam es dazu, dass Arbeit zu einem Fluch wurde? Zu etwas, das uns Mühe macht und uns enorm anstrengt?

In der Bibel wird eine weitere Geschichte erzählt, die diese Frage beantwortet. Im 1. Buch Mose, 3. Kapitel, lesen wir diese Erzählung. Und die geht so: Menschen fingen an, Gott zu misstrauen. Sie glaubten ihm nicht, dass alles, was er im Garten Eden angeboten hatte, genug für sie sei. Sie glaubten nicht, dass es ausreicht. Eva wurde von der Schlange in Versuchung gebracht, etwas zu tun, was Gott eigentlich verboten hatte. Sie aß von einem Apfel. Und Adam machte es ihr nach. Diese Tat hatte Konsequenzen. Weiter heißt es im 1. Buch Mose, 3. Kapitel, Verse 17 bis 19:

»Dann ging Gott zum Mann und sagte zu ihm: ›Weil du auf deine Frau gehört hast und das, was sie dir gesagt hat, wohl wichtiger war, als das, was ich dir gesagt hatte, wird Folgendes mit dir passieren: Das Feld, auf dem die Dinge wachsen, von denen du leben willst, das soll verflucht sein. Es soll voll schwer für dich werden, Obst und Gemüse zu ernten. Auf dem Feld werden Dornen wachsen und Brennnesseln und Disteln. Du wirst dein ganzes Leben hart arbeiten müssen, um dich davon zu ernähren. Du wirst total viel ins Schwitzen kommen. Nur durch harte Arbeit wirst du Brot und andere Sachen zum Essen kriegen können. Und das wird immer so sein, bis zum Schluss, wenn du tot bist.‹«

Auf der anderen Seite erlebt man auch Folgendes: Du fährst für einige Zeit in Urlaub. Und nach einer Woche ist dir plötzlich langweilig. Was ist passiert? Du vermisst die Arbeit. Noch schlimmer ist es, wenn du arbeitslos bist. Die fehlende Beschäftigung treibt dich in die schlimmste Depression. Ich war vor einigen Jahren einmal in der Arbeitsagentur, weil ich keinen Job hatte. Allein die Atmosphäre, die dort herrscht, macht schon krank. Du bist nur noch eine Nummer, weiter nichts. Und die Aussichten, einen Job zu bekommen, sind gleich null. Ich stelle fest: Den ganzen Tag nichts zu tun macht auch keinen Spaß. Die fehlende Beschäftigung hinterlässt ein großes Loch. Es fehlt die Arbeit. Es fehlt der Sinn. Es fehlt die Aufgabe. Ich glaube, der Mensch braucht die Arbeit wie die Luft zum Atmen.

So ist die Arbeit also beides. Segen und Fluch. Etwas Gutes und etwas Negatives. Etwas, ohne das wir nicht leben können. Und etwas, das uns das Leben schwer macht.

Ich denke, es ist entscheidend, welchen Beruf man wählt, um die Arbeit so befriedigend wie möglich zu gestalten. Du kannst dir gar nicht genug Gedanken über die Frage machen, welchen Beruf du wählen willst. Das Entscheiden darüber beginnt schon in der Schulzeit. Dort hast du die Wahl, in was für ein Praktikum du gehen möchtest. Diese Praktika zeigen das Innenleben des Berufes, den du später vielleicht wählen wirst. Hier kannst du schon eine erste Tendenz feststellen. Soll es lieber eine Arbeit mit Menschen sein? Oder sind es doch die Maschinen, mit denen du besser klarkommst?

Ist diese Frage beantwortet, folgt gleich der nächste Schritt. Gehst du aufs Gymnasium, muss du dich entscheiden: Welche Kurse soll ich für den Schulabschluss belegen? Geht es mehr in die mathematische Richtung, zu den Naturwissenschaften oder doch eher in die Sprachen oder das Soziale?

Nach der erfolgreichen Abschlussprüfung beginnt die vielleicht wichtigste Phase. Dafür solltest du dir unbedingt ausreichend Zeit nehmen, und sie sollte auch nicht zu schnell abgeschlossen werden.

Als ich mein Abitur beendete hatte, wollte ich mir noch nicht so viele Gedanken zu dem Thema machen. Deshalb habe ich einige Fehler gemacht. Ich habe meinen Berufswunsch zu sehr von der Vorstellung meiner Eltern abhängig gemacht. Da mein Vater bei der Marine war, bewarb ich mich dort ebenfalls als Soldat auf zwei Jahre. Ein großer Fehler, wie sich später herausstellte. Ich war total unglücklich, hatte schon nach kurzer Zeit die Nase vom Soldatenleben gestrichen voll. Um ein Haar hätte ich Fahnenflucht begangen, die Tickets nach Ägypten waren schon gekauft. Wir sollten unseren Beruf also unabhängig von der Vorstellung der Eltern wählen.

Viele Jahre später gab es dann eine weitere Entscheidung. Ich hatte in Köln studiert, das Fach Pädagogik. Die Zeit in der Uni konnte ich gut nutzen, um mich für einen späteren Beruf zu testen. Meine Praktika haben mir schon die ersten Hinweise gegeben. Dann war mein Studium vorbei. Bevor ich eine Entscheidung treffen konnte, wie es mit meinem Beruf weitergeht, habe ich mich entschieden, Zeit im Gebet zu verbringen. Ich buchte für zehn Tage ein Zimmer in einem Kloster. Dort wollte ich mir die Freiheit nehmen, um Gott im Gebet um eine Weisung zu bitten. Es ging vor allem um genau die Frage: Wie soll es beruflich weitergehen? Ich wollte auf keinen Fall nur irgendetwas tun, weil man es eben so macht. Oder weil das von mir so erwartet wird.

Diese Zeit im Kloster war sehr wichtig. Ich bin dort in meinem Zimmer betend auf und ab gegangen und habe zu Jesus gesagt: »Herr, zeig mit, was ich mit meinem Leben anstellen soll! Was für einen Beruf soll ich mir aussuchen? Was hast du mit mir vor? Ich brauche ein Zeichen von dir!« Jeden Tag stellte ich Gott diese Frage. Ich tat es auf dem Spaziergang im Wald und in den Meditationen und Gottesdienstzeiten der Klostergemeinschaft. Um meine Gedanken zu sortieren, schrieb ich jeden Tag mehrere Seiten in mein Gebetstagebuch. Ich suchte auch das Gespräch mit den Mönchen vor Ort.

Und plötzlich war mir so, als würde Gott mit mir reden. Es kam zwar keine laute Stimme aus dem Himmel. Und eine Engelserscheinung hatte ich auch nicht. An einem Nachmittag betrachtete ich mein ganzes bisheriges Leben. Dabei wurde mir plötzlich einiges klar. Ich hatte bis zu dem Zeitpunkt immer etwas für und mit Menschen gemacht. Sowohl im Jugendbereich, im Drogenbereich als auch bei der Gründung und pastoralen Leitung einer Jugendbewegung hatte ich immer mit Menschen gearbeitet. Die sogenannten Jesus Freaks waren mittlerweile zu einer großen christlichen Gemeinschaft herangewachsen, mit Tausenden von Mitgliedern. In diesem Bereich war ich also erfolgreich, Gott hatte meinen Dienst hier offensichtlich gesegnet.

Als nächster Gedanke kam dann die Erkenntnis, dass ich diese Menschen immer mit Worten geführt und geprägt hatte. Durch die Gespräche, die Predigten, aber auch durch meine Artikel und Bücher hat Gott mich gebrauchen können. Damit konnte ich anderen helfen. Und schließlich erinnerte ich mich an Briefe und Worte von anderen Christen, die mich in dieser Richtung immer wieder bestätigt und motiviert hatten. Mir war so, als würde Gott zu mir sprechen: »Martin, ich habe meine Worte in deinen Mund gelegt! Deine Arbeit und Aufgabe ist es, anderen Menschen damit zu dienen!« Am Ende der Zeit im Kloster war für mich ganz klar, dass ich mit meiner zukünftigen Tätigkeit genau das tun wollte. Und das mache ich bis heute. Ich möchte mit Worten, die Gott mir gibt, Menschen helfen und sie ermutigen. Und das tue ich, indem ich predige, aber auch, indem ich Zeitungsartikel und Bücher schreibe.

So wurde aus meinem Beruf auch eine Berufung. Und die lebe ich jetzt bereits seit vielen Jahren, und sie ist für mich äußerst befriedigend und sinnstiftend. Ich könnte mir keinen besseren Job vorstellen. Es gab Zeiten, in denen ich sehr viel Kritik einstecken musste. Meine Texte wurden als Verführung, als satanisch und gotteslästerlich verurteilt. Trotzdem weiß ich, dass genau dies meine Aufgabe ist. Es ist der Auftrag, den Gott mir gegeben hat.

Wenn du also noch keine Entscheidung darüber getroffen hast, was dein Beruf einmal sein soll, ist dies mein Tipp: Nimm dir genügend Zeit dafür! Probiere dich aus, teste die Berufe, die dir in den Sinn kommen. Und wenn du schon einen Beruf hast, dann würde ich dir empfehlen, dir immer mal wieder die Frage zu stellen, ob es wirklich das ist, was du machen möchtest. Nimm dir eine Auszeit, geh ins Gebet und frage Gott! Es könnte die wichtigste Zeit deines Lebens werden.

Was ich jedem wirklich empfehlen kann, ist, Gott diese Entscheidung zu übergeben. Warum nicht in ein Kloster gehen? Wenn du das nicht willst, bete im Park oder im

Wald und frage Jesus, was du mit deinem Leben anstellen sollst.

Dafür ist es nie zu spät, egal ob du schon viele Jahre arbeitest oder noch nicht mal in der Ausbildung bist. Wenn du einen Hinweis von ihm bekommen hast, wird dir das immer helfen. In Zeiten der Krise weißt du einfach, dass Gott dich dort hingestellt hat, und das gibt dir die Kraft durchzuhalten. So kann der Schöpfer dir einen Auftrag für eine Arbeit schenken, die deinem Leben einen besonderen Sinn und Erfüllung geben wird.

Arbeit ist ein wichtiger Teil des Lebens. Es ist gesund und gut, einen Job zu haben. Deine Arbeit kann dir Sinn geben und viel Freude machen.

Gott hat den Menschen so geschaffen, dass wir arbeiten müssen, um uns von dem Ertrag dieser Arbeit zu ernähren. Bereite dich auf diese Aufgabe gut vor und lass dir Zeit bei der Frage, was du später einmal machen willst. Frage Gott, was für eine Aufgabe er für dein Leben hat. Und wenn du schon arbeitest, kann dir dieser Hinweis vielleicht helfen: Es wird Zeiten geben, in denen du die Arbeit als Fluch empfindest. Wo sie dir mühsam erscheint und du nicht mehr weiterweißt. Dann nimm dir die Zeit, Gott nach dem Sinn in deiner Arbeit zu fragen. Vielleicht ist es nötig, dir einen neuen Job zu suchen. Vielleicht sorgt Gott auch für eine Veränderung in der bestehenden Arbeit.

Kurzgefasst:

Arbeit ist Segen und Fluch zugleich.
Suche dir mit Gottes Hilfe den richtigen Job.
Gott beruft Menschen.

Bibelstellen:

1. Buch Mose 1,25; 1. Buch Mose 3,17–19

Gebet:

»Gott, bitte führe mich bei der Wahl meines Berufes.
Zeige mir den Weg zu einem Job,
der mir Spaß macht und mein Leben
mit Sinn erfüllt.«

Geld und ewige Schönheit

Du schaust auf der Toilette in den Spiegel. Und dein Urteil ist vernichtend. »O Gott, wie sehe ich denn heute wieder aus!« Alle Versuche, das Äußere noch zu richten, scheitern. Und wenn der letzte Pickel ausgedrückt, der Lippenstift aufgetragen und das letzte Nasenhaar ausgezupft ist, werden wir noch immer nicht erkennen, dass Äußerlichkeiten uns nicht schöner machen können. Schönheit kommt eben von innen, sagen die Leute. Und sie haben recht, oder? Ich kriege jedenfalls immer wieder mit: So richtig zufrieden ist kaum jemand mit seinem Aussehen.

Eine Umfrage im letzten Jahr hat ergeben, dass in Deutschland über 1,7 Milliarden Euro für Schminke ausgegeben wurden. Der Betrag reicht rundgerechnet für 5000 Einfamilienhäuser. Man muss sich einmal bewusst machen: Deutsche Frauen tragen jedes Jahr eine Kleinstadt im Gesicht. Allein 200 Millionen Euro werden in Wimperntusche angelegt! Unsummen für schönes Aussehen.

Und wenn das nicht reicht, muss das Messer ran. Ich bin doch immer wieder überrascht, mit was für Oberweiten die Stars und Sternchen von heute rumlaufen. Erst kürzlich kam wieder ein Fall in die Presse, wo ein Brustimplantat bei einer Frau geplatzt ist, mitten auf der Tanzfläche. Das ist nicht nur peinlich, das ist unter Umständen lebensgefährlich!

Doch wir Männer sind auch nicht besser. Wir stemmen Gewichte, fasten und laufen Marathon, bis die Schwarte kracht – oder der Halswirbelknochen oder der Meniskus. Und dennoch altern wir, tagtäglich. Wir kämpfen dagegen an, doch unser Körper vergisst nichts. Irgendwann wird eine Phase kommen, in der der Waschbrettbauch in weite Ferne rückt. Ich habe das selbst erlebt. Vor einigen Jahren wollte ich es noch einmal wissen. Täglich 400 Sit-ups, jeden Tag fünf Liter Wasser, komplette Umstellung der Ernährung. Ich schluckte morgens so viele Fatburner, dass ich noch am Abend völlig high davon war. Und ich nahm überall ab, nur nicht am Bauch! Der verharrte in einer Verweigerungshaltung. Selbst an den Oberarmen, wo ich es am wenigsten brauchen konnte, baute sich das Fett ab. Doch die kleine Wampe wollte einfach nicht gehen, sie blieb hartnäckig. Schließlich fragten mich meine Freunde besorgt, ob ich an Krebs erkrankt wäre. Oder ob ich Drogen nehmen würde. Ich sähe so abgemagert aus. »Nein!«, war meine Antwort, »ich bin auf Diät!«

Später hab ich dann erfahren, dass der Körper ab vierzig sich auf die nächste Eiszeit vorbereitet. Ein Arzt erklärte, dass ab diesem Alter überall Fett abgebaut wird: im Gesicht, an den Armen, an den Beinen, nur nicht am Bauch. Denn das ist die eiserne Fettreserve für die harten Zeiten – die »Eiszeiten«.

Andere Menschen bauen ihr Leben lang nicht auf ihr Äußeres. Ihnen geht es mehr um die Karriere. Und den Reichtum, den man mit den Jahren anhäufen kann. Das Ziel ist klar: Genug Geld auf dem Konto und ein paar Aktien sowie andere Wertanlagen. Geld bedeutet Sicherheit, so denken viele. Aber ist das wirklich so? Kann uns Reichtum das Leben sicher machen? Ich denke an die Inflation 1923. Damals stieg der Preis für ein Brot innerhalb eines Jahres von seinem Normalwert auf fünf Milliarden Reichsmark an. Das Geld verlor rasant an Wert. Die Leute fuhren teilweise mit Schubkarren voller Banknoten zum Einkaufen. Wir sollten nicht denken, dass uns so etwas heute nicht mehr passieren könnte. Viele Analysten sind sich einig, dass wir erst vor wenigen Monaten einer vergleichbaren Katastrophe durch einen weltweiten Börsencrash nur knapp entkommen sind.

Neulich fuhr ich mit einem Taxi vom Hauptbahnhof nach Hause. Der Taxifahrer war sehr redselig, wie das manchmal so ist. Er erzählte mir von seinem Hobby: dem Aktienhandel. Vor einiger Zeit hatte er einen Tipp bekommen. Da gab es eine Aktie, die sehr erfolgversprechend war. Er hätte sein ganzes Vermögen in wenigen Wochen verdoppeln können. Also sammelte er sein Erspartes zusammen, immerhin fast 400 000 Euro. Und dann kam der fiese Börsencrash. Binnen zwei Tagen verlor er fast sein ganzes Geld. Das Guthaben, für das er viele Jahre hart gearbeitet hatte, war in Stunden auf wenige tausend Euro zusammengeschmolzen. Nur seine Familie hielt ihn davon ab, Selbstmord zu begehen. Was für ein Schicksal.

Aber was macht unser Leben eigentlich sicher, reich und wertvoll, wenn nicht Geld oder Schönheit?

Die Bibel gibt an einigen Stellen deutliche Hinweise, dass wir in unterschiedlichen Dimensionen existieren. Es gibt eine Zeit vor unserer Geburt, wo jede Seele in einem Bereich des Himmels vor sich hin schlummert. Mit der Zeugung bekommt der menschliche Körper von Gott eine einzigartige Seele geschenkt. Ab unserer Geburt beginnt die wichtige Zeit, in der wir auf der Erde als Menschen leben dürfen. Aber dann gibt es noch eine weitere Dimension, die nach dieser Zeit kommt. Sie beginnt mit unserem Tod. Und diese letzte Dimension soll ewig sein, sie wird kein Ende haben. Es gibt unterschiedliche Bezeichnungen für diesen Ort, an dem wir den Rest unseres Seins verbringen werden. Die einen nennen es Himmel, die anderen sagen, es wäre das Paradies.

Interessanterweise gehen fast alle Religionen davon aus, dass es diesen Ort gibt. Und genauso erklären auch die meisten Gläubigen, dass die Art, wie wir vorher leben, die Art, wie wir nachher leben, bestimmt. Leben wir vorher mit Gott, werden wir auch nachher mit ihm zusammen sein. Leben wir vorher aber ohne Gott, werden wir auch nachher nichts mit ihm zu tun haben.

Jesus betonte immer wieder, dass es dieses Leben nach dem Tod gibt. Und er ging auch davon aus, dass wir in dieser Dimension von den positiven Dingen profitieren werden, die wir im Leben auf der Erde geleistet haben. Im Matthäusevangelium im 6. Kapitel, Vers 19 bis 23, sagt er dazu:

> »Mach hier auf der Erde nicht ohne Ende Kohle und leg sie dann auf die hohe Kante! Die Kohle ist schneller weg, als du denkst, falls du nicht sogar vorher mal beklaut wirst. Versuch lieber, so viel wie möglich auf dein Konto bei Gott einzuzahlen. Denn das sind Sachen, die nie verlorengehen und die dir auch niemand klauen kann. Denn die Dinge, die ganz besonderen Wert für dich haben, für die lebst du am Ende auch.«[*]

Ich frage mich oft, ob wir uns über die Tragweite dieser Worte eigentlich im Klaren sind.

Es gibt ja Christen, die diesen Vers als einen Beleg dafür nehmen, dass Jesus generell gegen Reichtum war. Das glaube ich nicht. Es gab in seinem Leben immer wieder reiche Menschen, von denen er profitierte. So wurde sogar sein Grab von einem sehr reichen Mann gestiftet, sein Name war Josef von Arimatäa. Aber Jesus wusste auch, dass Reichtum, Geld und Besitz nie das sein sollen, worauf wir unser Leben bauen. Es ist nichts, worauf man sich verlassen kann. Besitz ist nicht in der Lage, uns wirkliche Sicherheit zu geben. Er ist vergänglich, er rostet und verdirbt. Genauso kann sich keiner auf sein Äußeres verlassen. Jeder Mensch ist vergänglich, der Körper rostet und kriegt Falten.

Ich war mal einige Zeit mit einer jungen Frau in Hamburg befreundet, die in der Technopartyszene aktiv war. Jeden Samstag verbrachte sie viele Stunden vor dem Spiegel, um sich für die Nacht hübsch zu machen. Allein die Auswahl der richtigen Kleidung dauerte über eine Stunde. Dann folgte eine aufwendige Prozedur vor dem Spiegel, in dem ihr Gesicht mit allerlei Farben bemalt wurde. Ich fand das nicht schlimm, sie sah auch immer richtig gut aus. Aber dann passierte etwas. Sie wurde von einem One-Night-Stand schwanger. Da sie die Schwangerschaft erst zu spät bemerkt hatte, kam eine Abtreibung für sie nicht in Frage. Sie trug das Kind aus und wurde zu einer alleinerziehenden Mutter. Ich fand, dass sie das super machte. Aber ihr Hauptgesprächsthema war in den folgenden Monaten ihr schlaff gewordener Bauch. Sie fühlte sich wertlos und nicht mehr liebenswürdig. Sie hatte ihr Leben nur auf ihr Äußeres gebaut, und das war nun in ihren Augen durch die Geburt ihres Kindes zerstört worden.

Es ist doch erstaunlich, wie unterschiedlich die Schönheitsideale auf der Welt sind. In Afrika gilt es als schön, einen dicken Hintern zu haben. Je dicker, desto besser. Die Frauen zeigen stolz ihren Allerwertesten. Frauen mit kleinem Hintern leiden, sie entsprechen nicht dem gängigen Sexsymbol. Und in Deutschland ist es genau umgekehrt. Frauen wollen einen möglichst kleinen Hintern haben, weil sie denken, nur dann wären sie attraktiv. Ich frage mich: Woher kommt das? Wer behauptet, unsere Körperform sagt etwas über unsern Wert aus?

Ich schlage vor, über diese Dinge einmal gründlich nachzudenken. Äußerlichkeiten sind für Gott letztendlich unwichtig. Wichtig ist, was du aus deinem Leben machst. Schätze sammeln auf der Erde bedeutet erst einmal, Reichtum, Geld, Häuser anzuhäufen. Das findet Jesus nicht gut, wenn es nur dem Zweck dient, uns ein Sicherheitsgefühl zu geben. Vielleicht solltest du dir klarmachen: Geld kann niemals Sicherheit geben. Es ist schneller weg, als man denkt. Es kann dich nicht wirklich retten. Vertraue dich ganz Gott an. Und erinnere dich daran, dass es wichtiger ist, ihm zu gefallen als den Menschen. Lebe für Jesus und sammle himmlische Schätze. Das macht dein Leben wertvoller als alles andere. Nicht Äußerlichkeiten, Geld und Erfolg, sondern Gottes Liebe ist deine Sicherheit. Sie gilt dir und mir.

Kurzgefasst:

Äußerlichkeiten sind nicht so wichtig
wie Gottes Liebe für dich. Wirklich wertvoll sind
die Schätze, die im Himmel auf uns warten.

Bibelstelle:

Matthäus 6,19–23

Gebet:

»Gott, ich verstehe, dass Geld mich nicht
glücklich machen kann. Ich weiß, dass es mir
nicht die Sicherheit für mein Leben gibt
wie der Glaube an dich.«

Ach du liebe Zeit!

Es gibt Tage, da fängt man schon ab elf Uhr an, die Stunden bis zum Feierabend zu zählen. Besonders, wenn im Büro wenig los ist. »Wie spät ist es? Was? Erst elf Uhr?« Ich habe mal vor Jahren, im Rahmen meines Studiums, ein Praktikum im Büro einer großen Weiterbildungseinrichtung gemacht. Einige der Mitarbeiter hatten einen wirklich abwechslungsreichen Job. Doch die meisten saßen den ganzen Tag nur an ihrem Schreibtisch. Ihre Tätigkeit beschränkte sich auf: Büroklammern von links nach rechts stapeln, die Ablage auf dem Schreibtisch sortieren und unauffällig BILD-Zeitung lesen. Natürlich gab es zwischendrin auch mal Zeiten, wo es wirklich etwas zu tun gab. Aber den größten Teil des Tages saß man mehr oder minder rum. Zu den absoluten Highlights gehörten definitiv die Pausen. Es gab die Frühstückspause, die Mittagspause, die Nachmittagspause, die Abendpause, die Kopierpause, die Raucherpause, die Kaffeepause, die »Ins Lager gehen und nicht wiederkommen«-Pause und so weiter.

Jede Aktivität ging dabei nicht ohne den ständigen Bürobegleiter: ein Pott mehr oder minder heißer Kaffee. Mir schien, als stünde die schwarze Bohne im Verdacht, die Zeit zu beschleunigen. Besonders in den Verwaltungsberufen wird Kaffee in großen Mengen getrunken. Aber auch in den Behörden, in den Kreativberufen, im Krankenhaus, in fast allen Büros ist es das Getränk Nummer eins. Eine Umfrage im letzten Jahr ergab: Zwei Liter Kaffee pro Person pro Tag sind in Deutschland keine Seltenheit. Auf das Jahr kommt der durchschnittliche Deutsche auf hundertsechzig Liter Kaffee. Das entspricht in etwa einer bis zum Rand gefüllten Badewanne. Baden im Koffein. Wahnsinn.

Ich kann mich noch gut daran erinnern, dass in einigen Büros meiner Praktikumsstelle sich die Mitarbeiter irgendwelche schlaue Sprüche aus Zeitungen ausgeschnitten hatten. Damit wurde dann die Wand über dem Schreibtisch verziert. Ein Spruch hatte es an fast jede Wand geschafft: »*Montagmorgen und noch so viel Woche über!*« Ich fand die Aussage schon damals völlig daneben. Was ist das für ein Leben, wenn man jede Woche die Stunden zählt, bis endlich die Freizeit beginnt, das Wochenende startet? Lebt man dann wirklich nur diese zwei Tage, von Freitagabend bis Sonntagabend vor dem Zubettgehen? Was ist denn mit dem Rest der ganzen Zeit?

Zeit scheint generell in unserer Gesellschaft eine immer wichtigere Rolle zu spielen. Wir hören in Managementseminaren, dass Zeit ein kostbares Gut ist. Wir sollen sie so effizient wie möglich nutzen. Wir lernen unsere Zeit besser einzuteilen, Zeiträuber aus unserem Leben zu verbannen, um die uns zur Verfügung stehenden Minuten so effektiv wie möglich einzusetzen. Jedes Jahr erscheinen neue Bücher zu diesem Thema. Unternehmensberater werden auf die Mitarbeiter von großen Firmen angesetzt, um genau das zu untersuchen: Wie gut wird mit der Zeit umgegangen? Wie effektiv wird die Zeit im Arbeitsalltag genutzt? Das Ganze hat sogar einen eigenen Namen bekommen, man nennt es »Zeitmanagement«.

Erst vor wenigen Jahren schrieb die Zeitschrift *Neon,* dass wir uns heute in einer »schnelllebigen Zeit« befinden. In dem Artikel wird ausführlich berichtet, wie schnell die

Zeit heute gefühlt an uns vorbeirast, auch wenn sie sich faktisch nicht beschleunigen lässt.

Woran merken wir das? Zum Beispiel wenn ein neuer Trend, der früher ein Jahr angehalten hatte, heute bereits nach wenigen Wochen wieder verblasst ist. Die Trends kommen immer schneller und gehen immer schneller.

Vor wenigen Jahren haben wir noch Briefe auf Papier geschrieben, meist mit der Hand. Das Verfassen eines Briefs dauerte bis zu einer Stunde, manchmal auch zwei. So ein Stück Papier war vom Einwurf in den Postkasten bis zur Haustür mehrere Tage unterwegs. Heute hingegen sind wir mit unseren Nachrichten in Echtzeit per SMS, Mail, Skype oder im Chat unterwegs. Sende ich eine Botschaft, kann diese Sekunden später bereits gelesen und auch beantwortet werden.

Im letzten Urlaub ging es mir so, dass ich es kaum geschafft habe, von dieser hochtourigen Form der Kommunikation wieder runterzukommen. Ich lag am Strand und war in Gedanken mit einer E-Mail beschäftigt, die ich noch »unbedingt« schreiben musste. Der lahme Internetanschluss in der Hotellobby zog mich mehr an als das lauschige Rauschen des blauen Atlantiks. Und selbst das Handy musste am Strand allzeit eingeschaltet sein. Man hätte ja eine wichtige SMS verpassen können!

Ein Stichwort, das in diesem Zusammenhang seit einigen Jahren durch die Szene geistert, heißt »Entschleunigen«. Viele Menschen glauben, dass der Beschleunigung des Lebens in der westlichen Welt entgegengesteuert werden muss. Sie macht uns krank, psychisch krank. In der Schweiz wurde letztes Jahr zu diesem Thema ein eigener Verein gegründet. Er nennt sich »Verein zur Verzögerung der Zeit« und wurde von dem österreichischen Universitätsprofessor Peter Heintel ins Leben gerufen. Heintel geht davon aus, dass »… die gesellschaftliche und vor allem wirtschaftliche Entwicklung in den entwickelten

Industriegesellschaften eine Eigendynamik gewonnen haben, die Hektik und sinnlose Hast in alle Lebensbereiche hineinträgt«. Hat er recht?

Diverse Psychologen und Ärzte haben bei Untersuchungen festgestellt, dass der Mensch in der westlichen Welt von großem Stress und Unruhe getrieben wird. Und dieser Stress macht krank. Todkrank.

Ich glaube: Wir sind nicht auf die Art von Gott geschaffen worden, dass jeder Mensch über einen langen Zeitraum bei einem rasant hohen Arbeitstempo gesund leben kann. Denn was sind die Folgen? Die mit Abstand häufigste Todesursache in Deutschland sind Herz-Kreislauf-Erkrankungen! Jedes Jahr liegt die Quote bei bis zu 40 Prozent, darunter viele Herzinfarkte.

Planet Wissen schreibt in einer aktuellen Ausgabe: »Ausgelöst wird der Herzinfarkt durch emotionalen Stress oder körperliche Anstrengung.« Das Wissenschaftsmagazin kommt zu dem Schluss, dass Stress wie ein Gift wirkt, das uns letztendlich tötet. Ein falscher Umgang mit der Zeit vergiftet unseren Körper.

Es gibt einen Vers in der Bibel, in dem Paulus zu den Christen in Ephesus etwas Wichtiges über das Thema Zeit zu sagen hat. Dort schreibt er: »Passt also ganz genau auf, was ihr so alles bringt im Leben. Checkt euch ständig ab. Ihr sollt nicht so draufkommen wie Menschen, die keine Ahnung von Gott haben.« (Epheserbrief, Kapitel 5, Vers 15).

Was will Paulus uns damit sagen? Klingt das nicht auch nach Stress? Es muss doch bedeuten, dass wir jede Sekunde unseres Lebens bewusst für Gott nutzen und für ihn arbeiten. Müssen wir die Zeit so produktiv wie möglich für Gottes Sache einsetzen? Ist das sein Ziel? Nein, ich glaube nicht. Das ist nicht damit gemeint. Paulus will uns ermahnen, dass wir jede Stunde, jede Minuten als etwas ganz Besonderes ansehen sollen. Wir sollen darauf achten, wie wir unser Leben führen. Wir sollen unsere Zeit auskosten. Sie ist etwas sehr Wertvolles, ein ganz besonderes Geschenk von Gott.

Vielleicht kann man die Zeit mit einem Erdbeereis vergleichen. Paulus möchte uns sagen, dass wir mit den uns zur Verfügung stehenden Stunden bewusst umgehen sollen. Dass wir sie nicht verschleudern, sondern weise nutzen. Wir sollen jede Minute genießen, wie ein leckeres Erdbeereis im heißen Sommer. Langsam, bewusst, genussvoll.

Wenn ich mir Jesus anschaue, dann sehe ich einen Mann, der immer Zeit für die wichtigen, aber auch scheinbar unwichtigen Dinge des Lebens hatte. Jesus wirkte nie gestresst. Er traf sich mit Menschen und unterhielt sich mit ihnen auf der Straße. Er ging auf Hochzeitspartys und feierte mit den Leuten. Er hatte Zeit zum Essen, und auch ein gemütlicher Mittagsschlaf auf einem Boot war immer drin, selbst mitten im Sturm.

Ich denke, Jesus hat sehr bewusst gelebt. Er hat jede Sekunde genossen, er hat sie ausgekostet. Jesus hat sich auch nicht von seinen Aufgaben stressen lassen. Er war gedanklich nicht ständig in der Zukunft, und er hat seine Zuhörer auch nicht auf die Zukunft vertröstet. Er lebte heute.

Warum nicht den heutigen Tag aus vollen Zügen genießen? Warum nicht die nächste Stunde einmal sehr bewusst leben und jede Minute voll ausschöpfen? Ich kann mit jedem Atemzug dankbar sein, dass ich überhaupt leben darf, egal was um mich herum gerade passiert. Einatmen und »danke« denken. Ausatmen und »danke« denken.

Mit so einer positiven Grundhaltung kann ich gut durch die nächsten Stunden gehen. Ich kann mich an jedem Augenblick freuen. Ich nehme ihn bewusst wahr. Heute ist der Tag, an dem ich mein Leben genieße.

So kann jeder Moment zu etwas sehr Bewusstem werden, wenn wir ihn nur willentlich ausleben. Wir nutzen die Zeit in guter Weise.

Ich habe viele Jahre mit Drogenabhängigen in therapeutischen Zusammenhängen gearbeitet. Da ich selbst eine Suchtkarriere hinter mir habe, lag der Gedanke nahe, mich in diesem Bereich ausbilden zu lassen. Ich war selbst viele Jahre lang aktiv süchtig und habe alle möglichen Dinge zu mir genommen, die man besser nicht zu sich nimmt. Daher bin ich ein Profi auf beiden Seiten. Ich kenne das Thema Sucht sowohl von innen als auch von außen. Es gibt in der Suchttherapie ganz unterschiedliche Ansätze, wie man den Süchtigen helfen kann. In der Langzeittherapie versucht der Therapeut, in einem Zeitraum von sechs Monaten bis zu zwei Jahren, dem Süchtigen beizubringen, ohne seinen Stoff zu leben. Er soll sein krank machendes Denken nachhaltig verändern. Dafür muss er von zu Hause weg und in der jeweiligen Einrichtung vor Ort wohnen. Es gibt aber auch zahlreiche Therapien, die ambulant erfolgen. Hier wohnt der Süchtige weiterhin zu Hause und muss nur zur Therapie jeden Tag in die Einrichtung gehen. Die heute mit Abstand erfolgreichste Therapieform für Süchtige, und hier ganz besonders für die Alkoholabhängigen, arbeitet allerdings mit einem ganz anderen Konzept.

Ich meine damit die Anonymen Alkoholiker. Sie entstanden erstmals 1935 im Bundesstaat Ohio, USA. Im Laufe der Jahre entwickelte sich aus der ersten Gruppe eine weltweite Bewegung. Zurzeit gibt es geschätzt über zwei Millionen Mitglieder in über 185 Ländern. In Deutschland sind die Anonymen Gruppen in jeder größeren Stadt vertreten. In Berlin gibt es in mehreren Stadtteilen regelmäßige Treffen. Um 1950 stellte sich heraus, dass das Konzept der Anonymen Alkoholiker nicht nur bei Alkoholsucht funktioniert. Auch Tablettensucht, Spielsucht, Esssucht, Arbeitssucht, Sexsucht und andere Süchte bekommt man mit dem Programm erfolgreich in den Griff. So schossen mit den Jahren weltweit unterschiedliche Gruppen wie Pilze aus dem Boden. Neben den AA, gibt es nun die NA

(Narcotic Anonymous), die GA (Gambler Anonymous), EA (Emotional Anonymous), nur um ein paar Beispiele zu nennen. Das Therapiekonzept dreht sich um zwölf Schritte, die dabei helfen sollen, das eigene Leben zu reflektieren und keine Suchtstoffe mehr zu sich zu nehmen. Man kann ohne Übertreibung behaupten, dass es das auf der ganzen Welt mit Abstand erfolgreichste Programm gegen Sucht und süchtiges Verhalten ist. Was hat das nun mit unserem Thema zu tun?

Ein Grundgedanke der Anonymen Alkoholiker ist, jeden Tag für sich zu nehmen! Sie behaupten, dass ein Vorhaben, für den Rest des Lebens nie mehr Alkohol trinken zu wollen, scheitern muss. Es ist unrealistisch und viel zu groß, wenn wir behaupten, ab sofort »nie wieder einen Tropfen Alkohol zu trinken«. Man sollte sich stattdessen vornehmen, »nur für heute« nicht zur Flasche zu greifen! Nur heute sollte man keinen Alkohol trinken oder keinen Suchtstoff zu sich nehmen. Dieses »nur für heute« ist der wichtigste Pfeiler ihres Konzepts. Ein Tag ist gut überschaubar, an diesem Tag kann man es schaffen, nicht zur Flasche zu greifen. Und auf diesen einen Tag folgt der nächste. Und dann der nächste. Und dann der nächste. So bleibt man ein Leben lang clean und trocken.

Das Konzept der Anonymen Alkoholiker will im Grunde genau das, was Jesus uns in der Bibel vorschlägt. Im Matthäusevangelium steht die berühmte Bergpredigt. Dort wird Jesus folgendermaßen zitiert: »Also habt keine Angst, was die Zukunft angeht! Es reicht doch, wenn jeder Tag seine eigenen Probleme mit sich bringt.« (Matthäusevangelium, Kapitel 6, Vers 34)

Im Grunde forderte Jesus hier auch das, was die Anonymen Alkoholiker für sich als so hilfreich entdeckt haben. Wir sollen jeden Tag für sich nehmen! Überlege dir, welches Problem du heute bewältigen willst, und dann geh es an. Wenn es etwas bei dir gibt, was du in irgendeiner Form süchtig betreibst, wäre das ein guter Anfang. Nimm dir vor, es nur heute anders zu tun. Sehe diesen Tag als Chance, dein Problem in Angriff zu nehmen. Empfindest du dich als kaufsüchtig, dann nimm dir nur heute vor, dieser Sucht nicht nachzugeben. Freue dich über jede Stunde, die du nicht ans Einkaufen denkst. Oder ist dein Problem eher die Esssucht? Dann nimm dir nur für die nächste Stunde vor, ein normales Essverhalten zu pflegen. Bei dieser Sucht, die so in die Normalität eines Alltags hineinspielt, ist es besser, nur von einer Stunde zu sprechen und nicht von einem Tag. Und wenn du es geschafft hast, nimm dir die nächste Stunde vor. Und dann die nächste. Und so weiter.

Wie oft reden wir uns heraus, wenn wir unsere Probleme lösen sollen. Wir sagen dann, dass heute der Zeitpunkt nicht so gut ist. »Heute schaffe ich es nicht, damit aufzuhören, aber morgen lasse ich es sein.« Oder: »Heute schaffe ich es nicht, meine Diplomarbeit anzufangen, aber morgen geht es los.« Die Gründe, warum es heute nicht geht, sind vielfältig. Das Wetter ist zu schlecht. Es ist zu kalt oder zu nass. Oder das Wetter ist zu gut und man möchte lieber im Park rumsitzen als am Schreibtisch. Auch die emotionale Lage passt gerade nicht, man ist zu depressiv, und es fehlt die Kraft. Oder man ist gerade zu glücklich, und die Motivation für Veränderung fehlt.

Auch in der Suchttherapie hört man von den Klienten sehr oft diesen Satz: »Morgen höre ich auf! Morgen ganz bestimmt! Ich muss nur noch …« Doch am nächsten Tag ist dann wieder etwas dazwischen gekommen. Auf einmal fehlt die Motivation oder die Kraft. Darum meine ich: Heute ist der beste Tag, dein Leben zu verändern! Warte nicht auf einen besseren, er wird nicht kommen.

In der Bewältigung von Sucht, aber auch in anderen Lebensbereichen ist es wichtig, das »Heute« anzupacken. Probleme auf die lange Bank zu schieben ist nicht hilfreich. Jede Stunde, ja sogar jede Minute, bietet die Möglichkeit, seinem Leben eine entscheidende Wendung zu geben. Wir haben es in der Hand, unsere Zeit auszukosten, mit jedem Augenblick. Die Zeit ist ein großes Geschenk unseres Schöpfers. Es ist eine gute Sache, wenn wir diese Zeit auskosten und sie als etwas Besonders ansehen. Das Glück immer nur in der Zukunft zu suchen oder auch in der Vergangenheit, bringt es nicht. Lebe heute, genieße die nächste Stunde, genieße die nächsten vierundzwanzig Stunden und freue dich daran.

Kurzgefasst:

Zeit ist ein kostbares Gut. Mal vergeht sie nicht schnell genug, dann tickt sie viel zu schnell.
Lebe im Heute. Wir sollten jede Minute auskosten und unsere Zeit bewusst leben.

Bibelstelle:

Matthäus 6,34; Epheser 5,15

Gebet:

»Jesus, ich möchte meine Zeit bewusst leben.
Danke, dass du mir dabei hilfst.«

Schmecken und genießen

Wir wohnen in Berlin in einem Stadtteil, wo einige große Firmen, Betriebe und Behörden angesiedelt sind. Von der Bundesversicherungsanstalt für Angestellte über mehrere Bildungseinrichtungen bis hin zu Zalando ist hier alles vertreten.

Aus unserem Fenster kann ich beobachten, wie mittags um zwölf plötzlich ein reges Treiben auf den Straßen einsetzt. Es wimmelt nur so von Menschen auf dem Gehsteig vor unserem Haus. Und die braven Mitarbeiter aus den umliegenden Firmen fragen sich: »Wo sollen wir heute zu Mittag essen?« Denn kein Betrieb kann sich hier eine eigene Kantine leisten.

Essen tut jeder. In dem Punkt sind wir uns alle gleich. Egal ob Arbeitnehmer oder Arbeitgeber, Frau oder Mann, Kind oder Erwachsener. Es gibt aber auch Ausnahmen.

Neulich gab es einen Film in unserem Programmkino um die Ecke. Er trug den Titel »Lichtnahrung«. In dem Film wurden einige Menschen vorgestellt, die angeblich ganz auf Nahrung verzichten können. Ihre einzige Energiequelle ist das Sonnenlicht. Unter anderem kam ein indischer Guru zu Wort. Er hatte sich unter wissenschaftlicher Beobachtung in einen Container einschließen lassen. Mehrere Wochen aß er nichts. Keine Ahnung, wie das gehen kann.

Auch in Deutschland haben die Lichtnahrungsjünger einige Anhänger. Vor einigen Jahren wurde ein 45-jähriger Mann von einem Institut über mehrere Tage wissenschaftlich begleitet. Er hatte behauptet, bereits viele Jahre auf Essen und Flüssigkeit verzichtet zu haben. Seine einzige Nahrungsquelle sei die Sonne. Aber das war wohl gelogen. Unter kontrollierten Bedingungen stellten die Ärzte im Rahmen der Studie einen Gewichtsverlust von einem viertel Kilogramm pro Tag fest. Der Versuch wurde abgebrochen. Der Mann wäre früher oder später verhungert – mitten in unserem reichen Land.

Es gibt aber nicht nur Menschen, die freiwillig auf Nahrung verzichten – viele Millionen Menschen würden sich gern satt essen, können es aber nicht, weil sie zu arm sind, weil sie Kriegsopfer sind oder unter den Folgen einer Dürre leiden.

Dass Hunger in der heutigen Zeit noch ein Thema in der Welt ist, sollte man nicht für möglich halten. Eine Untersuchung fand kürzlich heraus, dass allein in Deutschland jedes Jahr elf Millionen Tonnen Lebensmittel im Müll landen. Frei nach dem Motto: »Abgelaufen? Weggeschmissen!« Man muss sich diese Menge einmal bildlich vorstellen. Zum Vergleich: Ein durchschnittlicher Pkw wiegt in etwa eine Tonne.

Jedes achte Lebensmittel, das wir heute im Supermarkt einkaufen, werfen wir später wieder weg. Seit vielen Jahren kann man nicht nur in Berlin nachts die sogenannten Mülltaucher auf den Hinterhöfen finden. Sie krabbeln in die großen Mülltonnen der Supermärkte und Lebensmittelketten und retten, was zu retten ist. Verpackte Tomaten, drei sind angeschimmelt, aber vier kann man noch essen! Ich habe eine Punkfreundin in Berlin, die lange Zeit von diesem Lebensmittelmüll gelebt hat. Sie nannte das »containern«. Und was ist unser kleines Deutschland im Vergleich zu den USA oder Japan? Wenn man allen Lebensmittelmüll von den großen Industriestaaten zusammennehmen würde, es wäre ein Leichtes, die hungernden Menschen in der Welt zu ernähren.

Letzte Woche stand in der Zeitung, dass 66 Millionen Schulkinder weltweit hungrig in den Unterricht gehen müssen. Jeder achte Mensch auf der Welt steigt nachts mit knurrendem Magen ins Bett. Ich finde, das sind wirklich heftige Zahlen!

Das Thema Ernährung kommt übrigens überall in der Bibel vor. Bereits im 1. Buch Mose, in Kapitel 1. Dort wird erwähnt, dass Gott den Garten Eden erschuf und mit ihm auch die Menschen. Schon in Vers 7 wird erzählt, dass die Früchte der Bäume zum Essen gedacht sind. In Vers 29 lesen wir, was Gott sagte:

> »Hey, ich habe euch hier ganz viele Sachen gegeben, die man anpflanzen kann und die dann von selbst wachsen! Und auch Bäume hab ich für euch gemacht, und da wachsen auch viele leckere Früchte dran! Die könnt ihr dann essen, wenn ihr wollt.«

Etwas später erfahren wir, dass man auch etwas Falsches essen kann. Gott hat Adam und Eva verboten, von einem bestimmten Baum zu essen. Aber die beiden hielten sich nicht dran. Sie aßen von dem einen Baum, vor dem ein großes »Nein« stand. Es war eine Frucht vom Baum der Erkenntnis. Doch dazu in einem späteren Kapitel mehr.

Auch im Laufe der Geschichte des Volkes Israel geht es immer wieder um das gemeinsame Essen. Dieses Essen hatte oft eine viel größere Bedeutung als nur die reine Nahrungsaufnahme. Zum Beispiel erlaubte König David dem Kind eines Freundes, jeden Tag mit ihm zusammen zu essen. Das war ein bedeutungsvolles Zeichen, eine große Ehre. Das Kind durfte am Mittagstisch des Königs sitzen! Nur durch diese Erlaubnis hatte dieser Junge plötzlich eine besondere Stellung im ganzen Volk. Er wurde damit adoptiert, er wurde Teil der Königsfamilie. Denn an diesem Tisch durften sonst nur die Söhne des Königs sitzen, niemand sonst. Das Kind wurde sozusagen durch das Essen geadelt.

Von Jesus gibt es ebenfalls mehrere Erzählungen, wo es um das Thema Essen geht. Zum Beispiel wurde er bei einem Pharisäer zum Abendbrot eingeladen (Lukas 7,36–50). Jesus ging hin, obwohl er noch kurz vorher als »Fresser und Weinsäufer« von genau diesen Pharisäern beschimpft worden war. Ihm war bestimmt klar, dass so eine Verabredung noch eine sehr viel tiefere Bedeutung für die Menschen hatte. Wenn der Gottessohn sich mit diesem Mann an einen Tisch setzte, dann war er Gast in seinem Haus. Er begab sich mit diesem Pharisäer auf eine Stufe und er reichte ihm damit seine Hand.

Die wichtigste Mahlzeit, die wir im Neuen Testament finden, ist mit Sicherheit das sogenannte Abendmahl. Hier haben sich Jesus und seine Schüler zum Essen in einem großen Raum versammelt. Man lag damals auf dem Boden, als Unterlage dienten Matten oder Teppiche. Bei diesem Treffen kündigte Jesus seinen Tod an, aber auch seine Auferstehung.

Interessanterweise hat in der Geschichte der Kirche das Thema Essen auch manchmal einen negativen Beigeschmack bekommen. Es wird mit Völlerei gleichgesetzt. So etwas fühlt sich für den Körper zunächst gut an, aber den Geist verunreinigt es. Die Theorie: Will man Gott näherkommen, versucht man, nicht zu essen. Man tut genau das Gegenteil, nämlich fasten. Fasten, also auf Nahrung bewusst zu verzichten, kennt unterschiedliche Formen. Es gibt ein Fasten, bei dem nur bei Tageslicht auf feste Nahrung verzichtet wird. Abends kann dann reichlich gegessen werden. Dann gibt es aber auch das Fasten, das total auf Nahrung verzichtet. Der Gläubige nimmt sich für einen bestimmten Zeitraum vor, absolut nichts zu essen.

Nur zu trinken: Tees, Kaffee, Säfte, vor allen Dingen Wasser. Dann gibt es noch eine dritte Form des Fastens, die wohl radikalste von allen. Hier wird nicht nur auf feste Nahrung, sondern auch auf Flüssigkeit verzichtet. Diese Form ist wirklich nur zu empfehlen, wenn man dabei von Profis begleitet wird. Wichtiger als die fehlende Nahrungsaufnahme ist aber das Gebet. Das Fasten, um abzunehmen, gibt es im Christentum nicht. Fasten soll immer nur helfen, sich im Gebet besser auf Gott ausrichten zu können.

Von Jesus wird berichtet, dass er vor Beginn seines Dienstes 40 Tage lang nichts gegessen hat. Er war in einem Gebiet, wo keine Menschen sind, und hat die Zeit genutzt, um mit Gott zu reden. Man geht davon aus, dass dieses Fasten für ihn eine wichtige Vorbereitung für seinen weiteren Lebensweg gewesen ist.

Manche Christen erzählen, dass sie beim Fasten besondere geistliche Erfahrungen machen konnten. Sie fühlten sich Gott näher und spürten, dass er besser zu ihnen vordringen konnte. Einige hatten eine bestimmte Frage. Und in dieser Zeit des Fastens wurde ihnen die Frage plötzlich beantwortet. Wenn man fastet, ist man in der Lage, sehr viel klarer zu denken. Die Ablenkungen durch die regelmäßige Nahrungsaufnahme und dem ständigen Verdauungsvorgang sind ausgeblendet. Es stellt sich eine tiefere Ruhe ein, eine größere Intensität in der Suche nach Gott.

Um ehrlich zu sein: Das ist für mich nur eine gute Erkenntnis. Ich muss gestehen, dass mir das Fasten nie gelungen ist. Ich habe es einige Male ausprobiert, weil ich die Hoffnung hatte, so besser beten zu können. Doch das Gegenteil war der Fall. Anstatt mich in geistliche Höhen zu schwingen, stürzte ich in fleischliche Tiefen ab. Ich suchte heilige Visionen, aber dachte nur an heiße Hamburger. Ich konnte nicht beten, weil mir das Gebäck im Weg stand. Zumindest in meiner Phantasie, denn ich sah nur leckere

Kekse vor mir, die mich vom Beten abhalten wollten. Die innere Ruhe und ein Gefühl der Nähe zu Gott stellten sich partout nicht ein.

Schließlich gab ich auf. »Jesus, wenn ich mich nicht richtig aufs Beten konzentrieren kann, nur weil ich nichts esse, dann bringt es das für mich nicht!«

Mir ist dabei trotzdem wichtig geworden, dass ich das Essen nicht als etwas Selbstverständliches ansehe. Jede Mahlzeit kann mit Dankbarkeit gefeiert werden. Ich möchte jede Mahlzeit genießen und mich an jedem Bissen freuen. Essen ist ein Genuss. Es ist ein großes Geschenk, wir können mit Freuden essen. Es macht Spaß, weil es uns schmeckt. Seit kurzem weiß man, dass jeder Mensch über 10 000 Geschmacksknospen auf seiner Zunge hat. Das muss man sich einmal vorstellen! Durch diese Knospen ist er in der Lage, mit seiner Zunge zu unterscheiden, ob etwas süß, sauer, bitter oder salzig ist. Das sind insgesamt vier unterschiedliche Geschmäcke. Nun haben letztes Jahr Wissenschaftler an der Universität Oxford rausgefunden, dass unsere Zunge noch einen fünften Geschmack schmecken kann. Entsprechende Geschmacksknospen ermöglichen uns zu schmecken, ob etwas fett ist oder nicht. Unsere eher hässliche Zunge im Mund ist also ein großes Wunder Gottes, ein Meisterwerk.

Wenn du jetzt zum Essen gehst, kann ich dir nur empfehlen: Genieße jeden Bissen, und freue dich am guten Geschmack! Gott hat unsere Nahrung geschaffen, und wenn er gewollt hätte, dass wir Ernährung nur als Pflichtaufgabe sehen, dann hätte er uns keine Geschmacksknospen geschenkt. Essen kommt überall in der Bibel vor. Es war schon beim Volk Israel immer eine besondere Zeit, wenn man mit den engsten Vertrauten, der Familie und Freunden zusammensaß und aß. Jesus hat gegessen, und auch seine Jünger haben das getan. Vielleicht ist es tatsächlich einmal angesagt, sich eine festgesetzte Zeit zu nehmen, in der man auf das tägliche Essen verzichtet. Du kannst diese Zeit nutzen, um zu beten und Gott zu begegnen. Denk aber dran, dass es viele Menschen auf der Welt gibt, die heute nichts auf dem Tisch haben. Wenn du magst, kannst du vielleicht auch mit einer Spende einen der Vereine unterstützen, die dort vor Ort sind, um zu helfen. Aber was jeder heute schon tun kann, ist, mit Dankbarkeit zu essen und sich an diesem Geschenk zu freuen. Gott hat es uns gegeben, und alles was er gibt, ist gut – auch die Fähigkeit, essen zu können, schmecken zu können und beides in vollen Zügen zu genießen. Guten Appetit!

Kurzgefasst:

Essen tut gut. Gott hat uns die Fähigkeit des Schmeckens gegeben, damit wir es genießen können. Wir sollten dankbar dafür sein.

Bibelstellen:

1 Mose 1,29; Lukas 7,36–50

Gebet:

»Gott, danke für das Essen!
Danke, dass ich schmecken kann.
Ich will genießen, was ich esse,
und gut damit umgehen.«

Kraft tanken

Als ich ein kleines Kind war, hatten die meisten Läden um die Mittagszeit für zwei Stunden geschlossen. Zumindest im Zentrum der Kleinstädte und Städte ist das heute nicht mehr der Fall.

Nach dem Mittagessen wünschen sich viele eine Möglichkeit, sich auszuruhen. Egal ob im Büro, in der Uni oder zu Hause. Ich selbst habe den Mittagsschlaf erst schätzen gelernt, nachdem wir unsere süße Tochter bekommen haben. Meine Frau und ich wechseln uns damit ab, die Kleine mittags ins Bett zu bringen. Und dann schlafen wir meistens weit vor ihr ein. So kam ich zu dieser neuen Erkenntnis, dass es köstlich ist, mittags ein paar Minuten schlafen zu können. Es erhöht die Lebensqualität, wenn man sich die Zeit für eine kurze Pause nehmen kann. Nicht jeder ist in der Lage dazu, zumindest nicht unter der Woche. Doch wenn es geht, ist es einfach herrlich.

In China, dem bevölkerungsreichsten Land der Welt, hat der Mittagsschlaf eine hohe Priorität. Fabriken und Büros haben ihn als festes Ritual eingerichtet. Die Mitarbeiter legen sich mittags mit einer Matte auf den Boden und schlafen. Manche sogar auf dem Schreibtisch.

Übrigens: Es ist das einzige Land der Welt, wo in der Verfassung im Kapitel 48 fest verankert ist, dass das arbeitende Volk mittags das Recht auf eine neunzigminütige Pause hat. Schlaf wird gesetzlich verordnet. Als nach einem

Regierungswechsel 1984 die neuen Machthaber versuchten, diese Pause auf eine Stunde zu reduzieren, gab es landesweit heftige Proteste. Die neue Regierung kam damit nicht durch. Den Chinesen ist ihre Mittagspause eben heilig.

Auch die Büroangestellten in Taiwan nehmen nach dem Essen in ihrem Büro eine Auszeit. Sie legen ihren Kopf auf den Schreibtisch und machen ein Nickerchen. Jeder tut das. Dabei bleiben die Türen in den folgenden 60 Minuten immer einen Spalt weit offen. Die Besucher sollen sehen, dass eine Störung jetzt nicht erwünscht ist. Mann (oder Frau) schläft!

Pausen sind für unsere Gesundheit sehr wichtig. Wer sie nicht einhält, läuft Gefahr, krank zu werden. Zuerst psychisch und dann auch körperlich. Eine Form dieser Erkrankung nennt man Burn-out. Das Wort kommt aus dem Englischen und heißt wörtlich übersetzt »herausgebrannt« oder »ausgebrannt«. Etwas in uns brennt aus. Etwas, das mal gebrannt hat, kann nicht mehr brennen. Der Stoff, der dafür gesorgt hat, dass man brannte, ist ausgegangen.

Laut Wikipedia handelt es sich bei Burn-out »um eine körperliche, emotionale und geistige Erschöpfung aufgrund beruflicher Überlastung«. Wobei das Wort »beruflich« weiter gefasst werden sollte. Denn damit ist natürlich auch ein Burn-out aufgrund einer dauerhaften Überlastung im Studium, in der Schule oder in der Familie gemeint. Die überhöhte Belastung wird dabei nicht nur durch körperliche Anstrengung hervorgerufen. Es ist auch und vor allem eine psychische Überlastung. Die Psyche kann man nicht mit wissenschaftlichen Methoden messen, und doch ist sie allgegenwärtig. Sie kann krank werden, sehr krank sogar.

Seit Mitte der 70er Jahre forscht man weltweit an der Krankheit »Burn-out«. Es wurde festgestellt, dass sie sich in der westlichen Welt immer weiter ausbreitet und immense Kosten verursacht. Eine Europäische Agentur für Sicherheit und Gesundheitsschutz am Arbeitsplatz stellte letztens fest, dass die Folgekosten von Burn-out in der EU rund 20 Milliarden Euro im Jahr betragen. Bei diesen Zahlen wundert man sich, dass dieses Thema in keinem Wahlprogramm einer Partei auftaucht.

Wie macht sich ein Burn-out bemerkbar? Zuerst spürt man eine Art emotionale Erschöpfung, die eine Folge aus der übermäßigen psychischen Anstrengung ist. Plötzlich fühlt sich der Betroffene andauernd müde, schwach, dünnhäutig und kraftlos. Es fällt ihm schwer, sich aufzuraffen und etwas in Angriff zu nehmen. Als Nächstes kann es zu einer generellen Gleichgültigkeit kommen, einer Gleichgültigkeit den gestellten Aufgaben, aber auch anderen Menschen gegenüber. Der Betroffene empfindet eine Distanz zu den Kollegen, Mitstudenten, Kunden, Nachbarn, Schülern, usw. Und schließlich hat er das Gefühl, dass nichts mehr so richtig gelingt. Erfolgserlebnisse stellen sich nicht ein oder werden nicht als solche wahrgenommen. Er ist ausgebrannt.

Und was hilft am besten dagegen? Ausreichende und qualitativ hochwertige Pausen! Eine Möglichkeit dazu bietet der tägliche Mittagsschlaf. Es müssen ja nicht immer 90 Minuten sein. Aber eine Pause ist wichtig, sie hält gesund und sorgt dafür, dass wir den Rest des Tages einfach fitter und entspannter starten können. Im Jahr 2010 stellte eine amerikanische Studie fest, dass der Mittagsschlaf die Leistungsfähigkeit des Menschen deutlich erhöht. In dieser Studie wurden 39 nach einem bestimmten Schlüssel ausgewählte Studenten der kalifornischen Universität Berkely in zwei Gruppen aufgeteilt. Alle bekamen gegen 13 Uhr eine bestimmte Lernaufgabe von den Professoren, und beide schnitten gleich gut ab. Dann erlaubte man der einen Gruppe, sich für 90 Minuten hinzulegen. Die andere Gruppe musste sich anderweitig beschäftigen. Anschließend bekamen beide Gruppen wieder eine Aufgabe zugeteilt. Das Ergebnis war vorhersehbar: Die Gruppe mit dem neunzigmünütigen Mittagsschlaf schnitt deutlich besser ab als die ohne. Man könnte also auch sagen: Schlaf fördert die Leistungsfähigkeit!

Aber das ist nicht alles. Schlaf hält auch gesund. Wer mittags schläft, hat ein geringeres Herzinfarktrisiko. Das haben Forscher an der Universität Athen herausgefunden. Sie untersuchten nahezu 25 000 unterschiedliche Probanden über mehrere Jahre hinweg. Es wurde festgestellt, dass nur eine halbe Stunde Schlaf das Herzinfarktrisiko um satte 37 Prozent senken kann. Eine andere Studie aus den USA belegt, dass diese Pause nicht immer mindestens eine halbe Stunde lang sein muss. Drei bis zehn Minuten können schon dafür sorgen, dass man bessere Laune hat und mit mehr Motivation und Kraft wieder an die Arbeit geht. Über die Länge des Schlafes soll jeder Mensch selbst entscheiden. Im jüdischen Schultan Archuch, einer Zusammenfassung jüdischer Vorschriften, findet sich folgender Passus darüber: »Nur dehne man den Mittagsschlaf nicht lange aus; denn es ist verboten, am Tage länger zu schlafen, als ein Pferd schläft, nämlich eine Dauer von 60 Atemzügen.« 60 Atemzüge entsprechen ungefähr nur 10 Minuten. Wie man es auch nimmt. Es ist wichtig, eine Pause zu machen. Der Mensch braucht sie, um Kraft zu tanken und um sich zu erholen. Und Gott sieht das auch so.

Interessanterweise hat auch er eine Pause eingelegt. Vielleicht nicht jeden Tag, aber sicher einmal in der Woche. Wir lesen im 1. Buch Mose im 2. Kapitel, Vers 2:

»Am siebten Tag war alles perfekt, was Gott gemacht hatte. An diesem siebten Tag machte Gott erst mal eine Pause und ruhte sich aus.«

Die Einhaltung dieser wöchentlichen Pause war Gott sehr wichtig. Er ließ Mose ein Gesetz schreiben, in dem diese Pause als Sabbat festgeschrieben wird. In den folgenden Büchern der Bibel können wir immer wieder lesen, dass die Propheten die mangelnde Einhaltung des Sabbats stark kritisierten. Es war und ist im jüdischen Volk etwas Besonderes, etwas Heiliges, sich diese regelmäßigen Pausen zu nehmen. Es ist nicht nur ungünstig, diese Pause nicht einzuhalten, es ist eine Sünde.

Vor einigen Jahren hatte ich auch ein hartes Burn-out. Die Zeit davor kommt mir im Rückblick vor wie ein großer Rausch. Alles, was ich anfasste, gelang. Ich gründete eine christliche Jugendbewegung, die Jesus Freaks, die in kürzester Zeit über 100 Ableger in ganz Europa hatte. Die Muttergruppe hatte so ein hohes Spendenaufkommen, dass wir einen Club mitten auf St. Pauli und eine Kneipe mieten konnten.

Eine große Aufmerksamkeit der säkularen Medien war eine der Folgen dieser Entwicklung. Alle namhaften Magazine, Zeitungen und Zeitschriften berichteten über uns. Und ein alternativer Filmemacher drehte sogar eine zweistündige Reportage über die Jesus Freaks. Was ich aber erst nicht bemerkt hatte, war eine permanente Überschätzung meiner eigenen Kräfte.

Ich war von dem Erfolg derart aufgeputscht, dass Pausen nicht möglich waren und auch nicht nötig zu sein schienen. Auch auf Sport und gesunde Ernährung verzichtete ich vollends. Und das Ergebnis stellte sich nach sechs Jahren ein. Ich war ausgebrannt, konnte vor Erschöpfung nicht mehr klar denken und traf manche falsche Entscheidung in der Zeit. Das Ganze endete in einem riesengroßen Chaos. Nur mit Hilfe von einigen Therapien, vollmächtiger Seelsorge, Umzug in eine neue Stadt und einem kompletten Neuanfang konnte ich mich von dieser Erkrankung wieder vollständig erholen. Ich hätte mir viel Ärger und Mühen ersparen können, wenn ich das Thema Pause schon früher ernst genommen hätte.

Meine Empfehlung ist: Nimm dir Auszeiten! Erhole dich, so gut es geht. Vielleicht gehst du im Park spazieren oder legst dich für einige Minuten aufs Sofa und schläfst.

In der Bibel gibt es eine berühmte Stelle, die erzählt, wie sich sogar Jesus eine Mittagspause gönnt. Er besucht seine Schüler und fährt mit ihnen auf einem Fischerboot über einen sehr großen See. Mitten auf dem See kommt auf einmal ein großes Unwetter auf. Das Boot droht zu kentern. Stress, Panik, Seenot! Aber Jesus liegt hinten im Boot und schläft. Wie sich das gehört um diese Uhrzeit. Ihn scheint die Gefahr nicht zu stören, er hat die Ruhe weg. Schließlich steht er auf, vermutlich leicht genervt, spricht mit dem Sturm, und der Wind legt sich augenblicklich.

Um mal in diesem Bild zu bleiben: Nutze die Zeit auch für Pausen. Egal, was um dich herum gerade passiert. Wie krass der Wind auch ist und wie hoch die Wellen an dein Leben schlagen. Nimm dir die Zeit, leg dich hin oder geh spazieren. Versuche Kraft zu tanken, so gut es geht. Dann werden dir die Stürme deines Lebens nichts anhaben können. Und selbst wenn sie bedrohlich sind, weißt du, dass Jesus wach ist und aufpasst.

Kurzgefasst:

Pausen sind wichtig. Gott hat auch
eine Pause gemacht. Nimm dir die Zeit,
um dich zu entspannen und Kraft zu tanken.

Bibelstelle:

1. Buch Mose 2, 2

Gebet:

Danke, Gott, dass ich nicht jeden Tag durchpowern
muss, dass ich mir Pausen gönnen darf.

14:00 Uhr

Worte haben Macht

»Als Erstes war das Wort da. Es war mit Gott ganz eng verbunden, ja, es war sogar selbst Gott.

Von Anfang an war es bei Gott. Es hat alles gemacht, was es so gibt. Nichts ist ohne es gemacht worden. Es ist das Leben in Person. Es hat die Menschen aus der Dunkelheit rausgerissen und ihnen die Richtung für ihr Leben gezeigt.«[*]

Die Mittagspause ist vorüber. Du hast bestimmt schon wieder mit einigen Menschen gesprochen. Vielleicht war dein Chef auch schon da oder eine Kollegin. Oder du hast mit Freunden, Mitstudenten oder einem Bekannten ein Gespräch geführt. Ich finde es bemerkenswert, wie viele Worte man am Tag spricht. Und es ist noch erstaunlicher, wie viele Worte man hört oder liest. Ist dir schon einmal aufgefallen, dass jedes Wort, das aus deinem Mund kommt, auch eine Wirkung hat? Sicher gibt es dabei Worte, die richtig heftig reinhauen. Und es gibt Worte, bei denen man glaubt, sie seien nur so dahingesagt. Sie seien am Herzen vorbeigeflogen und hätten wenig bewirkt. Aber das stimmt oft nicht.

Ich habe mich wirklich viel mit dem Thema beschäftigt. Und ich komme zu dem Schluss: Egal wie, wo, wie laut, wie leise, in welcher Sprache und in welchem Tonfall: Alle Worte haben Macht!

Als ich 25 war, habe ich für einige Monate in der Drogenentzugsstation eines örtlichen Krankenhauses gearbeitet. Es war ein zwölfwöchiges Pflichtpraktikum, das ich im Rahmen meiner Ausbildung zum Suchttherapeuten absolvieren musste.

Auf dieser Station begegnete ich einem jungen Mädchen. Sie hatte mit ihren gerade mal 15 Jahren schon ein echt hartes Drogenleben hinter sich. Viermal war sie knapp an einer tödlichen Überdosis vorbeigerauscht. Ihren Drogenkonsum finanzierte sie sich durch die Prostitution auf der Straße. In ihrem kurzen Leben hatte sie bereits viel zu viele Monate im Jugendknast verbringen müssen. Diese Frau tat mir wirklich leid. Was mich an ihr besonders schockiert hat, war der Zustand ihrer Unterarme. Viele Narben konnte man dadrauf erkennen, teilweise noch blutunterlaufen. Sie hatte die Angewohnheit, immer wenn es ihr nicht gutging, sich selber die Arme mit einer Rasierklinge aufzuritzen. Dabei sollten die Verletzungen nicht so tief sein, dass sie verbluten würde, aber doch so, dass es weh tat. Diese Frau war nicht nur äußerlich, sondern auch innerlich kaputt.

Wir haben uns oft unterhalten, und langsam öffnete sie sich mir gegenüber. Irgendwann habe ich sie gefragt: »Warum bist du eigentlich so krass drauf? Ich habe manchmal das Gefühl, du willst eigentlich gar nicht leben! Warum verletzt du dich selber so hart?«

Schließlich erzählte sie mir ihre Geschichte. Von ihrer Kindheit in einer Art Vorstadtslum von Hamburg. Von den Schlägen ihres Vaters, der immer nachts besoffen ins Zimmer kam, um sie windelweich zu prügeln. Aber das Schlimmste, was ihr widerfuhr, waren die Worte ihrer Mutter. »Ich wünschte, du wärst nie geboren worden!«, schrie sie das Mädchen oft an. »Ich will dich nicht haben! Ich wünschte, du wärst tot!«

Diese Worte hatten sich so tief in ihr Bewusstsein eingebrannt, dass sie sich buchstäblich auf Raten selber töten wollte. Es war wie ein Fluch, der über ihr ausgesprochen wurde. Ihre eigene Mutter wollte sie lieber tot sehen als lebend! Das war der Grund, warum sie sich selbst langsam vergiften wollte. Was interessant ist: Heroin heißt in der Sprache der Junkies auch »Gift«. Im Grunde war ihr Drogenkonsum ein Selbstmord auf Raten. Ja, Worte haben Macht!

Ich habe mich einmal mit einer Ärztin unterhalten, die in einer geschlossenen Psychiatrie arbeitet. Sie erzählte mir, dass über 90 Prozent aller psychischen Erkrankungen mit Worten zu tun haben. Negative Worte, die der Vater oder die Mutter über einem Kind ausgesprochen haben. Lügen, die schließlich aufgedeckt wurden und ungeheure Verletzungen in der Seele verursachten. Bis hin zu Verwünschungen, man kann auch sagen Flüche, die jemand über ein Leben aussprach. »Du wirst es nie zu etwas bringen!« – »Du bist doch hässlich wie die Nacht.« – »Du warst doch auch nur ein Unfall!«

Interessant ist aber, dass Worte auch heilen können. In der Therapie tut man nichts anderes als das: reden. In vielen Stunden deckt der Therapeut falsche Gedanken- oder Verhaltensmuster auf. Mit Worten versucht er neue, gesunde Gedanken in seinen Patienten zu erzeugen. Mit Worten tröstet er und heilt eine Seele. Nur durch Worte, durch das Gespräch, wirkt die Therapie heilend. Sie kommt ganz ohne sportliche Übungen, Chemie und Medikamente aus. In der analytischen Gesprächstherapie werden bis zu dreihundert Stunden angesetzt, in denen nur gesprochen wird, nichts anderes.

Worte können auch Richtung geben. Wenn jemand nicht mehr weiterweiß, aber eine Entscheidung treffen muss, hilft oft ein weiser Rat. Man wägt ab, hört sich die Worte des anderen an und profitiert von seiner Erfahrung. Wobei auch eine Warnung den Lebensweg eines Menschen stark beeinflussen kann. Wenn ich vor etwas gewarnt werde, handle ich anders.

Ich selbst muss immer wieder feststellen, wie sehr ich ermutigende Worte brauche. Ein Lob baut mich sehr auf und gibt mir unendlich viel Kraft. Es schafft in mir ein Gefühl von Zufriedenheit und Wärme. Wenn ich jedoch kritisiert werde, kann mich das richtig umhauen. Es braucht Tage, bis ich mich von einer wirklich harten Kritik einigermaßen erholt habe. Vor allem wenn sie ungerechtfertigt war.

Wenn wir jemanden lieben, dann sagen wir es ihm auch. Ein liebender Blick ist schön und eine liebende Berührung ebenfalls. Aber die Worte, die jeder hören möchte, sind: »Ich liebe dich!« Ich habe schon einige Briefe in meinem Leben bekommen und weggeschmissen, aber die Liebesbriefe habe ich alle behalten. Sie sind mir viel zu wertvoll, um sie ins Altpapier zu geben.

Noch einmal: Worte haben Macht! Deshalb finde ich die Aussage, die Johannes am Anfang seines Buches in der Bibel bringt (s. Kapitelanfang), wirklich erstaunlich. Er sagt dort, dass Jesus wie ein Wort ist! Dieses Wort wurde von Gott zu den Menschen gesprochen. Das bedeutet: Jesus als Person war auch ein Wort Gottes! Er war eine geballte Form von vielen mächtigen, lebenschaffenden, heilenden Worten, die Gott zu den Menschen geredet hat.

Eines ist sicher: Wenn Jesus ein Wort ist, dann ist es ein gutes Wort. Wenn er etwas sagt, bewirkt es Heilung und Heil. Es sind Worte, denen man hundertprozentig vertrauen kann.

Jesus meint es gut. Nach seinen Worten kann ich mich richten. Er hat Worte, die wie ein Scheinwerfer meinen Weg ausleuchten. Seine Ansagen sind wie ein Leuchtturm, der uns auch im größten Sturm immer die richtige Richtung zeigt. Seine Worte haben Kraft, sie sind pure Power. Und sie können sogar Krankheiten heilen. In der Bibel finden wir viele Erzählungen, wo Jesus nur mit Worten geheilt hat. Er hat die Menschen oft gar nicht berührt, sondern nur gesprochen: »Steh auf und geh!«, und es passierte sofort.

Ich bin mir sicher: Wenn Jesus etwas ausspricht, kann etwas total Neues entstehen. Genauso wie bei der Schöpfung. Das war damals so und ist heute immer noch der Fall. Gott sprach: Es werde Licht! Er hat das Licht nicht geformt. Es waren Worte!

Wir finden die Worte von Jesus, welche er vor etwa 2000 Jahren gesprochen hat, alle in seinem Buch, der Bibel. In diesem Buch können wir Aussagen von ihm lesen, und diese Aussagen weisen uns den Weg. Wenn es dunkel ist und wir nicht mehr wissen, wie wir uns entscheiden sollen, dann sorgen seine Worte dafür, dass wir klarer sehen. Er zeigt uns Auswege. Und er warnt uns auch vor Gefahren.

Ich glaube, dass jeder Mensch diese Worte von Jesus braucht, dass er sich sogar unbewusst danach sehnt. Wir brauchen es, dass man uns sagt, was wir in bestimmten Situationen tun sollen. Wir brauchen jemanden, der uns hilft, Entscheidungen zu treffen. Wir brauchen Worte, denen wir vertrauen können, die Gutes zu uns sagen, die uns heilen. Eben Worte von Gott, Worte von Jesus.

Ich meine, wir sollten einmal darauf achten, was für Worte unseren Mund verlassen. Wir könnten einmal probieren, einen »heiligen Filter« vor unser Sprachorgan zu setzen. Jakobus sagt in seinem Brief im Neuen Testament im 3. Kapitel, Verse 7 bis 10, Folgendes:

»Die Menschen haben es gelernt, Löwen zu dressieren, Vögeln das Sprechen beizubringen und Delphine aus dem Wasser springen zu lassen, aber die Zunge haben sie nie in den Griff bekommen. Unkontrolliert verbreitet sie ihr tödliches Gift. Mit ihr sagen wir Gott, unserem

Vater, wie toll er ist, und im nächsten Augenblick verfluchen wir einen Menschen, obwohl der ja nach dem
Vorbild von Gott gemacht wurde. Gute Wünsche und
fiese Aggrosprüche kommen aus demselben Mund.
Leute, genau das soll bei euch nicht abgehen!«[*]

Die Bibel fordert uns also förmlich auf, dass wir unsere
Worte kontrollieren sollten. Sie nennt negative Worte
»tödliches Gift«. Das können Worte über andere Menschen sein, aber auch Worte über uns selbst. Wenn du ein
negatives Wort über jemanden aussprichst, hat das eine
Wirkung!
Das bedeutet nicht, dass man niemanden mehr kritisieren
sollte. Kritik ist gut und wichtig. Aber jeder weiß doch, es
gibt eine Form von Kritik, die weiterhilft, und eine Form
der Kritik, die nur verletzt. Es fällt uns leicht, andere zu
kritisieren, vor allem wenn die, um die es geht, nicht dabei
sind. Positives Reden müssen wir uns vornehmen, es ist
ein Willensakt. Aber gute Worte können dafür sorgen,
dass etwas Gutes entsteht. Hoffnung, Heilung, Freude,
Liebe, Leben.
Vielleicht nimmst du dir etwas Zeit und hörst Gott einmal
zu. Schnapp dir für ein paar Minuten eine Bibel und lies
noch einige Verse, bevor dein Tag weitergeht. Wenn Gott
zu uns spricht, passiert immer etwas Positives. Etwas
Neues, eine neue Realität, eine neue Sichtweise.

Kurzgefasst:

Worte können zerstören und auch heilen.
Achte auf deine Worte und höre den Worten
von Jesus zu.

Bibelstellen:

Johannes 1,1–5, Jakobusbrief 3,7–10

Gebet:

Jesus. Ich bin in meinem Leben durch viele
böse Worte verletzt worden. Einige haben mich
auch verwirrt und innerlich kaputt gemacht.
Bitte heile mich davon.
Und danke, dass du mir immer die Wahrheit
sagst und dass deine Worte mich nie zerstören,
sondern immer heilen.

Falsch leben – richtig leben

Wir haben eine Tageszeit erreicht, in der viele Menschen müde und schlapp werden. Jetzt steigt der Kaffeedurst noch mal rapide an, wir kämpfen uns durch die letzten Stunden, bis der Feierabend endlich da ist. Eigentlich eine gute Zeit, um uns mit einem eher heftigen Thema zu beschäftigen, das uns wachrütteln kann. Ein Thema, das wir normalerweise nicht so gern auf dem Bildschirm haben: Sünde. Niemand denkt freiwillig darüber nach.

Bevor Sie liebe Leserin, lieber Leser sofort weiterblättern, bitte ich um Aufmerksamkeit für ein paar einleitende Gedanken. Vielleicht schaffe ich es damit, Ihren Geist ein wenig wachzurütteln. Kick ass.

Es geht mir bei dem Thema Sünde nicht um eine schnöde Moral. Auch nicht um irgendwelche kirchlichen Regeln oder Gesetze, die unbedingt eingehalten werden müssen. Ich glaube: Jesus ging es auch nie darum. Er wollte keine neue Religion gründen, die nur aus moralischen Regeln besteht. Das wäre doch wie bei einem Spiel. Wer sich nicht an die Regeln hält, fliegt raus. Ich glaube, es ging Jesus um etwas ganz anderes.

Trotzdem lohnt es sich, über Sünde nachzudenken. Es geht immerhin um ein Problem, um ein sehr großes Problem. Ich würde fast sagen, das größte Problem der Menschheit.

Eigentlich erstaunlich, dass darüber in den Kirchen heute kaum noch laut gesprochen wird. Mir scheint fast, als hätte man Angst davor. Oder ist verunsichert. Oder beides. Vielleicht gibt es die Sünde gar nicht mehr? Oder es gibt sie nur bei den anderen, aber nicht bei uns?

Die Bibel ist voll von »Sündengeschichten«. Überall lesen wir von sündigem Verhalten und von Gott, der die Sünde überhaupt nicht mag. Ja, er hasst die Sünde sogar.

Zoomen wir doch einmal in der Geschichte der Menschheit auf den Punkt null zurück. Der Menschheitsgeschichte, so wie sie uns die Bibel erzählt. Richtig, ich bin jetzt bei Adam und Eva. Die beiden sind im Paradies und genießen ihr Leben. Im 1. Buch Mose wird ausführlich die Situation beschrieben, der die beiden ausgesetzt sind. Sie hatten mehr als genug zu essen. Es gab keine Krankheiten, keinen Tod, keinen Streit, keine Probleme. Grenzenlose Freiheit. Wie schön muss das gewesen sein!

Nur eine Sache war nicht erlaubt. Sie durften nicht von einem gewissen Baum essen, dem Baum der Erkenntnis. Gott sagte: »Aber lass die Finger vom ›Baum der Erkenntnis‹! Der ist gefährlich! Wenn du davon mal was isst, wirst du sterben! Hundertpro!« (1 Mose 2,17). Nun, wir kennen alle den Ausgang der Geschichte. Die beiden wollten nicht auf die Warnung Gottes hören. Sie aßen von dem Baum und konnten plötzlich erkennen, was gut ist und was schlecht.

Ich glaube nicht, dass es tatsächlich so geschehen ist, keine Angst. Adam und Eva stehen für ein Bild, das die Schreiber der Bibel den Menschen wie einen Spiegel vorhalten wollten. Dieses Bild spricht eine klare Wahrheit aus. Es ist ein Blick auf die Menschheit, ein Blick in den Rückspiegel. Man hat sich gefragt, warum wir immer wieder Dinge tun, die Gott eigentlich verboten hat. Und die Antwort? Es hat wohl etwas mit Neugier zu tun. Aber auch mit Rebellion und dem Glauben, es besser zu wissen als der Schöpfer.

»Das wird mir schon nicht schaden.« – »Es ist ja nur einmal.« – »Ich kann das ab.« – »Ich will das aber.« Mit solchen Aussagen reden wir uns heraus. Und sündigen.

Dabei hat Sünde eine zweifache tödliche Wirkung, die wir oft vergessen. Die eine Auswirkung betrifft uns hier auf dieser Erde. Und die andere betrifft die Beziehung zwischen Gott und den Menschen. Ich möchte auf diese beiden Ebenen kurz eingehen.

Auf der ersten Ebene ist festzuhalten, dass nach Gottes Auffassung Sünde nicht gut für uns ist. Ich bin fest davon überzeugt, dass Gott nur das als Sünde bezeichnet, was uns selber schadet. Es kann ihm nicht um irgendwelche, an den Haaren herbeigezogenen Regeln gehen, die er sich nur zum Spaß ausgedacht hat. Er will nicht einen sturen Befehlsgehorsam wie unter Soldaten. Bei denen muss der Untergebene ja das tun, was der Offizier befohlen hat. »Jawoll, Gott, zu Gehorsam!« Aber Gott will keinen Kadavergehorsam, das wäre doch völlig unsinnig. Gott möchte eine Liebesbeziehung.

Darum: Wenn Gott uns etwas sagt, dann sagt er es immer zu unserem Besten. Etwas, das gut für dich ist, das dir eindeutig guttut und nicht schadet, kann für Gott keine Sünde sein. Denn er liebt uns, und er möchte von uns auch nur geliebt werden. Das sieht man an vielen Aussagen in der Bibel.

Übrigens: Es kann doch auch nicht sein, dass Gott die Bibel geschrieben hat, nur um uns ein neues Gesetz zu geben. Sozusagen das Alte Testament für die Juden und das Neue Testament für die Christen. Dabei lesen viele gläubige Menschen besonders das Neue Testament genauso. Man sucht nach moralischen Maßstäben, die dort aufgeschrieben wurden. Man will sich danach richten. Ein neues Gesetz, nur nicht so schön detailliert und aufgelistet wie in den Büchern Mose. Doch die Bibel sagt selbst, Jesus hat das Gesetz erfüllt. Gottes Ziel war es, uns ein neues Gesetz zu geben. Eines, das uns ins Herz geschrieben wurde und nicht mehr auf Papier.

Ich möchte dazu ein Beispiel herausgreifen. Es steht im Johannesevangelium, im 8. Kapitel, Verse 3 bis 11. Hier kann man sehr gut sehen, dass Jesus selber nie an ein Gesetz auf Papier geglaubt hat. Es ging ihm um viel mehr. Die Geschichte geht so:

Plötzlich brachten die religiösen Profis und Streber eine Frau an, die auf frischer Tat ertappt worden war. Sie hatte mit einem Typen geschlafen, obwohl sie bereits mit einem andern Mann verheiratet war. Die Männer stießen die Frau in die Mitte, damit alle sie sehen konnten. Dann sagten sie zu Jesus: »Herr Lehrer, diese Frau ist gerade mit einem verheirateten Mann im Bett erwischt worden. Das ist Ehebruch! Nach den Gesetzen vom Mose müsste sie jetzt von mehreren so lange mit Steinen beworfen werden, bis sie tot ist! Was sagen Sie zu diesem eindeutigen Fall?« Das war natürlich nur ein Trick. Sie hofften, sie könnten Jesus damit in eine Zwickmühle bringen, sodass er irgendwas Verpeiltes sagen würde, was sie dann später gegen ihn verwenden könnten. Jesus blieb aber total cool, er setzte sich auf den Boden und schrieb irgendwas mit seinen Fingern in den Sand. Als die Typen aber weiter rumnervten, sah er nach oben und sagte: »Okay, dann soll mal der den ersten Stein schmeißen, der noch nie in seinem Leben Mist gebaut hat!« Dann bückte er sich wieder und malte irgendwelche Sachen in den Sand. Als Erstes verschwanden die Älteren. Und dann folgte ihnen einer nach dem anderen, bis Jesus zum Schluss mit der Frau alleine war. Jesus stand auf und fragte sie: »Na, wo sind denn jetzt die Leute, die 'ne Anzeige erstatten wollten? Hat etwa keiner von denen das Urteil auch vollstreckt?« – »Nein, keiner, mein Herr«, antwortete sie. »Dann werde ich das auch nicht tun. Geh jetzt mal nach Hause und pass auf, dass du nicht noch einmal so einen Fehler machst!«[*]

Man muss sich vergegenwärtigen, dass diese Frau hier wirklich großen Mist gebaut hatte. Nach dem religiösen Gesetz der Juden hätte sie tatsächlich verurteilt werden müssen. Sie war mit einem anderen Mann im Bett gewesen und hatte ihren eigenen Ehemann betrogen. Wir erfahren nicht, warum sie das tat. Ob sie sich vielleicht verliebt hatte oder ob sie von dem anderen Mann schlichtweg verführt worden war. Keine Ahnung. Vielleicht wurde sie sogar von ihrem eigenen Ehemann immer geschlagen, und es war nur eine Flucht aus der Ehe in die Arme eines Fremden. Das sind alles nur Spekulationen. Vom Gesetz her hatte sie für diese Tat den Tod verdient.

Jesus sah aber über die Regel, über das Gesetz hinaus. Er kannte das Herz der Frau und wusste, warum sie diese Tat begangen hatte. Der Sohn Gottes hatte eine eigene Bewertung, weil er die Dinge aus einer eigenen, einer göttlichen Perspektive betrachtete. Er wusste, was in ihr vorgegangen war. Er sprach sie nicht frei von der Schuld, aber er verurteilte sie dafür auch nicht. Das ist der entscheidende Unterschied zu uns Menschen.

Natürlich gibt es viele Dinge, die auch Jesus öffentlich verurteilt hat. Zum Beispiel die Gier nach Geld und Reichtum. Oder den Hass gegen einen Mitmenschen. Oder die mangelnde Bereitschaft, jemandem zu vergeben. Doch all diese Dinge schaden uns selber, sie machen uns kaputt. In der Lutherbibel beschreibt es Paulus im 1. Korintherbrief, Kapitel 10, Vers 23, so: »Alles ist erlaubt. Aber nicht alles, was erlaubt ist, dient zum Guten. Alles ist erlaubt, aber nicht alles baut uns auf.« Ich denke das trifft es ganz gut.

Die zweite Ebene, warum Sünde nicht gut für uns ist, hat etwas mit der Beziehung zu Gott zu tun. Die Bibel sagt:

Gott ist heilig. Was bedeutet das? Er ist in einem Zustand, bei dem es nichts Böses mehr gibt. Es gibt nichts Schlechtes in Gott, nichts Linkisches, nicht Gemeines. Bei ihm ist kein Verrat, keine Verletzung, keine Lüge. Er ist eben nur gut, ausnahmslos gut. In der Schule war es bei uns früher hip, ein besonderes Zeichen auf die Tische zu malen. Es war ein Kreis mit einer schwarzen und einer weißen Hälfte. In jeder Hälfte war ein kleiner Punkt. Weiß in der schwarzen und schwarz in der weißen Hälfte. Man nennt das auch »Yin und Yang«. Die Bedeutung von Yin und Yang ist, dass in jedem Schwarzen auch etwas Weißes ist und in jedem Weißen auch etwas Schwarzes. Selbst das Dunkle, Schlechte, Böse hat auch einen weißen Kern. Aber auch das Göttliche, Helle, Gute, hat einen dunklen Kern. Das mag eine schöne Philosophie sein, und es kann auch für die Dinge auf dieser Welt stimmen. Aber für den Gott der Bibel stimmt es nicht. In diesem Gott gibt es weder Yin noch Yang. Gott ist nur Licht, nur gut. Es gibt nichts Dunkles, nichts Schlechtes in ihm. Er kann auch nicht mit dem Schlechten zusammenkommen, das passt nicht. Dieses Rundum-gut-Sein ist wie ein Naturgesetz. Alles baut darauf auf. Darum: Gott und Sünde, das geht nicht zusammen.

Weil er aber die Menschen so sehr liebt, will er nicht von ihnen getrennt sein. Er leidet unter der Trennung, das können wir immer wieder in der Bibel lesen. Er musste eine Lösung für das Problem der Sünde schaffen. Und die Lösung war eine Erlösung. Eine Erlösung von unseren Sünden durch Jesus.

Im Kolosserbrief schreibt Paulus im 1. Kapitel ab Vers 14: »Durch Jesus wurden wir erlöst, unsere Sünden sind uns vergeben.« Ich finde, das ist eine wirklich hoffnungsvolle Nachricht!

Ich begegne oft Menschen, die das Gefühl für Sünde völlig verloren haben. Sie sind immun gegen Schuldgefühle. Ein schlechtes Gewissen kennen sie so gut wie nicht. Woher kommt das? Es liegt an einer ängstlichen oder verweichlichten Moralvorstellung. Oder an beidem. Entweder sie haben Angst davor, dass irgendjemand ihnen vorschreibt, was sie tun dürfen und was nicht. Oder sie haben eine falsche Vorstellung davon, was gut ist und was nicht. Ihr Motto lautet: Alles, was sich gut anfühlt, ist auch gut für mich!

Ich bin der Ansicht, dass nahezu jedes Problem, das der Mensch heute hat, mit dem Thema Sünde zusammenhängt. Wie meine ich das? Wir tun Dinge, die Gott nicht will, und machen uns damit gegenseitig kaputt. Wir zerstören uns gegenseitig, uns selbst und dazu noch das, was uns umgibt. Denken wir nur an die Natur, die Umweltverschmutzung und die Erderwärmung. Gott hat im 1. Buch Mose geschrieben, dass der Mensch sich die Erde untertan machen soll. Ein Untertan ist aber kein Sklave, den man schlägt und quält. Mit einem Untertan geht man gut um. Schließlich sorgt er für einen, bekocht eventuell die Familie oder erledigt die Arbeit auf dem Feld. Niemand würde auf den Gedanken kommen, seinen Untertan schlecht zu behandeln oder ihm gar zu schaden. Warum? Es wäre zum eigenen Nachteil, wir würden am Ende uns selbst schaden! Und doch leben wir nicht so. Wir verschmutzen unsere Erde, und damit nicht genug. Wir verschmutzen auch noch den Weltraum um unsere Erde, indem wir ständig neue Satelliten in das All schießen. Letztes Jahr wurde gemeldet, dass rund 17 000 Teile Weltraumschrott die Erde umkreisen. Wir sorgen auch dafür, dass unsere Luft immer dicker wird. Unser Klima ist gestört, die Pole schmelzen ab, es gibt immer mehr Überflutungen. Durch Atomstrahlen wurden von Russland bis Japan ganze Landstriche vergiftet und unbewohnbar gemacht. Diese Sünde schadet uns selbst erheblich! Noch ein Beispiel: die Finanzkrise. Da haben einige Börsenspekulanten den Hals nicht vollgekriegt. Es ging um noch mehr Profite, noch mehr Geld, noch mehr Einkommen. Doch diese Gier nach Geld hat die westliche Welt wirtschaftlich um ein Haar ruiniert, und bis heute kann man die Folgen für die nächsten Generationen kaum abschätzen. Gott hat den Menschen die Erde überlassen. Wir haben vom Baum der Erkenntnis aus eigenem Willen gegessen. Und nun haben wir den Salat.

In der Therapie hört man immer wieder von Verletzungen, die Väter oder Mütter ihren Kindern beigebracht haben. Es geht um Lügen, um Betrug, aber auch um tatsächliche Schläge. Gott hat einen anderen Plan – er sagt, es sind Sünden, die unser Zusammenleben kaputt machen.

Zum Glück hört die Bibel an diesem Punkt nicht auf. Sie ist eine Geschichte voller Hoffnung, und sie hat ein Happy End. Jesus hat die Lösung für unser Problem geschaffen. Wir können mit unserem ganzen Mist zu ihm kommen. Er sorgt dafür, dass das tödliche Gift der Sünde die Beziehung zu Gott nicht mehr kaputt machen kann. Es ist eigentlich so einfach. Jede Sekunde besteht die Möglichkeit für einen Neuanfang im Leben. Knie dich irgendwo hin, in der nächsten Kapelle, in einer Kirche, im Wohnzimmer, von mir aus auch in einer öffentlichen Toilette. Schütte dich vor Jesus aus und sag ihm, wo du gerade gesündigt hast. Er wird dir vergeben. Und dann mach es anders. Das kann auch dafür sorgen, dass du Dinge wiedergutmachen kannst, die du einmal verbockt hast. Du kannst auch Menschen um Verzeihung bitten, denen du durch dein Verhalten geschadet hast.

Ich habe in der Schule eine Menge Mist gebaut. Einmal sind wir mit der Punkerclique nachts völlig betrunken in die Turnhalle eingebrochen. Es ging sehr viel kaputt dabei. Doch als ich zum Glauben an Christus kam, wollte ich in dieser Sache reinen Tisch machen. Ich ging eines Morgens zum Schulleiter, bat um Verzeihung und erklärte mich bereit, von nun an bis zu meinem letzten Schultag die Turnhalle täglich zu wischen. Ich werde diesen Augenblick nie vergessen. Der Schulleiter sah mich ungläubig an. Doch dann vergab er mir, er freute sich über meinen Neuanfang und erließ mir die Schuld; ich musste nicht putzen und auch nichts bezahlen. Auch Gott gibt uns immer wieder eine neue Chance, es besser zu machen als zuvor. Wenn wir Vergebung für unsere Sünden bekommen, dann ist Gott in der Nähe. Wir können erkennen, was gut ist und was nicht. Und dort, wo wir uns nicht sicher sind, können wir ihn fragen: »Gott, ich will wissen, ob das okay ist, was ich hier tue. Ich glaube, dass du das Leben kennst und weißt, was mir guttut und was nicht!«

Kurzgefasst:

Sünde ist ein echtes Problem der Menschheit.
Es gibt richtig und falsch. Jesus kann vergeben, und so können wir immer wieder neu anfangen.

Bibelstellen:

1 Mose 2, 17; Johannesevangelium 8,3–11;
1. Korintherbrief 10,23; Kolosserbrief 1,14

Gebet:

»Jesus, ich habe mal wieder gesündigt.
Bitte vergib mir! Zeige mir, wo ich falschliege.
Danke, dass ich mit dir immer wieder
neu anfangen kann!«

Mauern überwinden

Gleich nach der Schulzeit hatte ich mir einen Job in einer Teppichfirma gesucht. Ich brauchte Geld, und der Besitzer war mit meinen Eltern gut befreundet. Es handelte sich eigentlich nicht um eine reine Teppichfirma. Mein Chef verkaufte Produkte, mit denen man die gesamte Inneneinrichtung verschönern kann. Die Produktpalette bestand also aus Teppichen, Gardinen, Tapeten und so weiter. Die Arbeit sah so aus, dass ich große Pappen zusammenstellen musste. Auf diesen Pappen wurden unterschiedlich bunte Teppichvarianten, in passenden Farbtönen, abgebildet. Diese Pappen sollten dazu dienen, die Kunden vom Kauf der Ware zu überzeugen.

Das klingt nach kreativer Arbeit, war es aber nicht. Der Job artete ganz schön in Stress aus. Ich musste auf Termindruck diese Werbematerialien erstellen, und oft gefiel meinem Chef nicht, was ich tat. Die Vorschläge mussten immer wieder neu erstellt und überarbeitet werden, mein Chef übte dauerhaft Druck auf mich aus.

Zu großer Druck und Stress lähmen. Sie verhindern gute Leistungen.

Die alltäglichen Probleme fordern unsere volle Aufmerksamkeit. Es scheint so, als könnte man sich ein Gebet gerade nicht leisten. Dabei wäre es gut, jetzt einmal den Kopf in Richtung Himmel zu erheben. Denn wenn wir das tun, bekommen wir Hoffnung, Kraft und manchmal eine neue

Perspektive auf die Dinge. Eine Perspektive vom Himmel her, aus Gottes Augen. Mein damaliger Stress erscheint mir im Rückblick als ein alltägliches Problem, wie es jeder aus seinem Arbeitsalltag kennt. Doch was ich später daraus gelernt habe, kann man auch auf jedes andere Problem anwenden. Was genau war das?

Ich möchte unsere Probleme einmal mit dem Bild einer Mauer vergleichen. Überall treffen wir auf diese Mauern. In der Schule sind es die Fächer, mit denen wir nicht fertig werden. Eine bestimmte Fähigkeit, die uns einfach fehlt. Immer wieder fahren wir in diesem Fach schlechte Noten ein. Oder es ist eine Person, mit der wir ständig Stress haben. Bei der Arbeit sind es Situationen, die wir einfach nicht bewältigen. Ich denke an Aufgaben, die wir nicht zufriedenstellend erledigen, an denen wir immer wieder scheitern. Oder in Beziehungen sind es die Situationen, in denen wir nicht mehr weiterkommen. Der Streit entbrennt ständig an der gleichen Stelle. Er scheint unüberwindlich zu sein. Jeder beharrt auf seiner Position, die Fronten sind verhärtet.

Es sind die immer wiederkehrenden Probleme, die uns im Weg stehen. Sie hindern uns daran, das Versprechen einzulösen, das Gott uns gegeben hat. Sie sind wie Mauern. Sie grenzen uns ein. Und sie sagen uns, dass wir hier nicht weiterkommen. Sie fordern uns und unseren Glauben heraus. Werden wir es schaffen, sie zu überspringen? Werden wir sie zerstören? Finden wir einen Weg, sie zu umgehen? Oder werden wir sie mit Gottes Hilfe einfach wegsprengen können?

Es gibt einige interessante Erzählungen über Mauern in der Bibel. Im Alten Testament wird in einer spannenden Geschichte berichtet, wie das Volk der Israeliten eine Schutzmauer um Jerusalem baut. Eine andere Stelle erzählt von einer Hure mit Namen Rahab, die sogar in einer Mauer wohnte. Aber die beste Mauergeschichte ist meines

Erachtens die, in der das Volk Israel die Stadt Jericho einnehmen will.

Man muss sich vor Augen führen, was vorher passiert ist. Die Israeliten waren gerade durch viele heftige Zeichen und Wunder von Gott aus einer langjährigen Kriegsgefangenschaft bei den Ägyptern befreit worden. Sie hatten einen neuen Traum, ein Ziel, eine Vision, für die es sich lohnte, einen langen Weg auf sich zu nehmen. Dieses Ziel hatte auch einen Namen: »Gelobtes Land«. Um es zu erreichen, musste aber noch einiges mit ihnen passieren. Sie mussten als Volk lernen, wie man mit diesem Gott lebt und dass man ihm wirklich vertrauen kann. Viele Theologen meinen, dass die Israeliten vierzig Jahre durch die Wüste gewandert sind, teilweise sogar im Kreis gegangen sind. Diese Zeit war wohl wichtig, bevor sie endlich die Grenze überschreiten durften zu dem Land, das Gott ihnen versprochen hatte. Im Buch Josua lesen wir im 2. Kapitel, wie das lange Warten und Wandern schließlich ein Ende fand. Sie waren angekommen. Das »Gelobte Land« lag direkt vor ihnen. Ich habe mich gefragt, was diese Menschen nach der langen Wanderzeit für Vorstellungen hatten. Was würde sie in diesem Land erwarten? Man hatte ihnen gesagt, es wäre das Land, in dem Milch und Honig fließen. Das klingt, als würden Schokolade an den Bäumen wachsen und Weingummis auf der Erde rumliegen. Gemeint war aber: Es ist ein Land, das sehr fruchtbar ist, mit viel Wasser, Obstbäumen und fruchtbaren Äckern. Einfach herrlich!

Josua schickte Kundschafter los, um herauszufinden, ob Gott nicht zu viel versprochen hat. Hat er aber nicht. Als sie wiederkamen, waren sie von dem neuen Land total begeistert. »Es stimmt, es ist wirklich sehr fruchtbar, es gibt alle Sorten von Obst!« Aber sie hatten auch Angst, denn die Feinde, die in dem Land wohnten, waren sehr stark. Sie hatten große, befestigte Städte gebaut, die man nicht so leicht einnehmen konnte. Die erste Stadt gleich hinter der Grenze hieß »Jericho«.

So stand das Volk Israel also vor dem großen Versprechen, das Gott ihnen gegeben hatte. Aber das Erste, was im Gelobten Land auf sie wartete, war: eine Mauer! Eine sehr große Mauer sogar. Eine Mauer, die unüberwindbar zu sein schien. Ich finde es interessant, wie Josua mit diesem Problem umging. Wäre ich Josua gewesen, hätte ich vermutlich erst einmal eine Untersuchung angestellt. Mir wäre es wichtig gewesen, die genaue Höhe der Mauer zu berechnen. Ich hätte versucht herauszufinden, wie dick die Mauer ist und aus was für einem Material sie besteht. Vielleicht hätte ich mir Bücher organisiert mit dem Titel »Wie überwinde ich eine Mauer«. Oder ich hätte ein »Mauerüberwindungsseminar« besucht. Vielleicht hätte ich mir sogar ein paar Stunden bei einem Coach genommen, am besten bei einem mit einer »Mauerüberwindungszusatzausbildung«.

Doch letztendlich hätte ich mich nur mit der Mauer beschäftigt, aber nicht mit Gott. Was macht Josua? Wir lesen bei Josua in Kapitel 5 die Verse 13 bis 15:

> Kurz vor Jericho ging Josua ein Stück spazieren, um noch einmal mit Gott zu reden. Plötzlich stand da ein Typ, der sich ihm, mit einer Kalaschnikow im Anschlag, in den Weg stellte. Josua ging auf ihn zu und fragte ganz frech: »Gehörst du zu den Feinden oder bist du ein Freund?« – »Keins von beiden«, lachte der Typ ihn an. »Ich bin der oberste General über die Armee von Gott und bin einfach mal so vorbeigekommen.« Josua hatte einen mörderischen Respekt, er warf sich vor dem Typen flach auf den Boden und stammelte: »Oh! Was hat mein Chef seinem untersten Angestellten zu sagen? Ich mach alles, was er will!« – »Als Erstes musst du mal deine Schuhe ausziehen. Du stehst nämlich auf

einem ganz besonders krassen Boden, der ist heilig!«
Josua machte das sofort.

Zwei Verse später steht dann:

> Und Gott sagte zu Josua: Pass auf, ich werde dafür sor-
> gen, dass dir Jericho bald gehört, mit seiner Regierung
> und allen Soldaten.

Josua zog sich erst einmal zurück. Mit Sicherheit wollte er über den anstehenden Angriff gegen das Bollwerk Jericho noch einmal nachdenken und mit Gott darüber reden. Und Gott kam ganz krass, in der Form eines Engels. Diese Begegnung änderte alles. Plötzlich hatte Josua Mut. Er wusste: »Gott ist auf meiner Seite! Diese Mauer kann ich packen! Wir werden gewinnen! Der General der Armee des Himmels kämpft mit uns, was kann da schon passieren?«
Ich denke, wir sind von unseren Mauern oft mehr beeindruckt als von Gott. Wir betrachten die Mauern und staunen. Sie sind so stark und so dick, sie erscheinen so mächtig. Ich glaube, dass diese Mauern auch zu uns sprechen. Sie sagen: »Ich bin nicht zu überwinden!« – »Mich wirst du nie schaffen!« – »Dieses Problem hast du schon so lange, du wirst damit nie fertig werden!« – »Ich werde immer in deinem Leben sein!« Kennst du diese Stimmen?
Die Frage ist doch: Wem glauben wir mehr? Der Mauer oder Gott? Was sagt denn Gott durch den Engel hier zu Josua? »Pass auf, ich werde dafür sorgen, dass dir Jericho bald gehört!« Mit anderen Worten: Du wirst siegen! Ich werde dir helfen! Du schaffst das! Ich bin bei dir! Josua bekommt plötzlich Gottes Perspektive von der Mauer. Und für Gott ist diese Mauer ein Witz. Aus seiner Sicht ist sie so klein und leicht zu zerstören. Vom Himmel aus gesehen ist sie kein großes Problem.

Ich kann mich noch daran erinnern, wie ich klein war und unsere Straße für mich die ganze Welt dargestellt hat. Sie erschien mir riesig, groß und weit. Ich hatte das Gefühl, ich würde nie das Ende der Straße erreichen. Nun ging ich neulich mal bei Google Earth auf meine Heimatadresse. Die Straße war gut zu sehen. Dann habe ich mich langsam aus dem Bild herausgezoomt. Auf einmal sah ich, wie klein die eigene Straße im Verhältnis zum Stadtteil ist. Und wie klein der Stadtteil im Verhältnis zur Stadt ist. Und wie klein die Stadt im Verhältnis zum Land ist. Am Ende sah ich nur den Planeten Erde als kleinen Ball im Universum verschwinden. Was sind das für Dimensionen? Und für Gott hat dieses Zoomen hier noch lange kein Ende, er ist sehr viel größer als das Universum!

Vielleicht ist es gut, wenn du es mit deinen Problemen auch einmal so versuchst. Auch wenn sie für dich so riesig und unüberwindbar erscheinen – für Gott sind sie es nicht. Er kann deine Probleme lösen, er ist viel größer als alles, was wir kennen. Wir müssen uns nur vertrauensvoll an ihn wenden, ihm glauben, dass er es auch machen wird. Wir müssen lernen, Gott mehr zu glauben als unseren Mauern. Das Versprechen, dass Gott uns bei den Problemen hilft, dass er unsere Mauern zum Einsturz bringen wird, finden wir überall in der Bibel. Wir müssen uns die Bibeltexte nur immer wieder vorlesen und zu uns sprechen lassen. Wir sollten daran glauben, dann wird es auch passieren. Die Worte Gottes machen uns Mut und helfen uns, die Schwierigkeiten unseres Lebens anzugehen und sie zu überwinden.

Es gibt viele Versprechen Gottes, die in der Bibel stehen. Zum Beispiel sagt Jesus in der Bergpredigt Folgendes zu seinen Schülern: »Bittet Gott, so wird er euch geben, sucht, so werdet ihr finden, klopft an, so wird euch geöffnet!« Das ist ein Versprechen, eine Verheißung, die Gott seinen Leuten gegeben hat. Alles, was wir brauchen, ist eine Portion Vertrauen und Hartnäckigkeit. An einer anderen Stelle spricht Gott von einem Glauben, der nur so groß sein muss wie ein kleines Korn (Matthäus 17,20). Im Philipperbrief Kapitel 4, Vers 13 schreibt Paulus: »Ich kann alles schaffen, weil Jesus mir die nötige Stärke gibt!« Ich denke, das sind die Worte, die Gott auch zu uns spricht, wenn wir vor einem Problem in unserem Leben stehen. Er glaubt an dich, er traut dir viel zu. Und er sagt, dass dein Glaube dich stark genug macht, damit du deine Mauern überwinden kannst. Gott schafft das!

Kurzgefasst:

Probleme sind wie Mauern.
Nimm Gottes Perspektive ein,
wenn du auf deine Probleme schaust.
Dann wirst du sie überwinden.

Bibelstellen:

Josua 5,13–15; Philipper 4,13

Gebet:

»Jesus. Ich habe da dieses eine Problem
in meinem Leben. Ich will diesem Problem nicht
länger glauben. Ich glaube dir, dass du mir hilfst,
es zu lösen. Du bist größer als das größte Problem.
Lass mich so auf mein Problem schauen,
wie du es tust – aus dem Himmel herab.«

Hören, worauf es ankommt

Die meisten Menschen in Deutschland haben zwischen 16 Uhr und 18 Uhr Feierabend und gehen oft noch einkaufen. Dann sind die Läden voll, von der Wursttheke bis zu den Waschmitteln.

Letzte Woche ging ich mit meiner Frau in einen dieser großen Lebensmittelmärkte. Er liegt bei uns gleich um die Ecke, in einer der Nachbarstraßen. Meine Frau und ich kennen uns jetzt schon bald zwanzig Jahre. Ich würde sagen, ich kenne ihre Stimme inzwischen sehr gut.

An diesem Tag hatten wir zwei unterschiedliche Einkaufszettel. Sie besorgte die Lebensmittel, ich die Getränke. Diese Dinge gibt es in unserem Supermarkt in ganz unterschiedlichen Ecken. Plötzlich hörte ich aus großer Entfernung, wie jemand leise meinen Namen rief. »Martin!« Kurze Zeit später hatte ich meine Frau gefunden. Für mich ist das immer noch sehr erstaunlich. Der Supermarkt war voller Menschen. Im Hintergrund lief die ganze Zeit das typische Kaufhaus-Musikgedudel. Und die besten Ohren habe ich auch nicht. Dennoch habe ich ihr Rufen gehört. Und ich bin mir sicher, es konnte nur einen Grund dafür geben: Ich kenne ihre Stimme! Ich kann sie aus Hunderten Geräuschen heraushören. Der Klang ist mir mehr als vertraut. Ich weiß, wenn sie es ist, die mich gerade anspricht.

Im Johannesevangelium sagt Jesus einen sehr kleinen Satz. Aber dieser Satz sollte eine gigantisch große Bedeutung für jeden Christen haben. Dort steht im 10. Kapitel in Vers 27: »Ich kenne meine Schafe. Und meine Schafe erkennen meine Stimme und hören auf mich.« Ganz selbstverständlich behauptet Jesus hier ohne irgendwelche Einschränkungen, dass jeder gläubige Mensch die Stimme Jesu hören könne. Denn »seine Herde«, das sind ja die Gläubigen. Ich finde das höchst erstaunlich. Viele Theologen haben versucht, an dieser Stelle herumzutheoretisieren. Nach dem Motto: »Jesus meinte es nur im übertragenen Sinne«. Oder: »Man muss die Stelle im historischen Zusammenhang lesen.« Oder: »Dies war eine eschatologische Aussage.« Aber es steht dort schwarz auf weiß: »Meine Schafe erkennen meine Stimme.« Ich frage mich: Warum erleben wir das dann so selten im Alltag?

Als ich noch nicht gläubig war, schleppten mich meine Eltern in einen sogenannten charismatischen Gottesdienst der evangelisch-lutherischen St.-Petri-Kirche im Zentrum von Hamburg, direkt an der großen Fußgängerzone. Charismatisch war der Gottesdienst deswegen, weil dort die sogenannten Geistesgaben, die Charismen aus dem ersten Korintherbrief, jeden Sonntag angesprochen wurden.

Dass es sich hier nicht um eine komische Psychosekte handeln konnte, war klar. Schließlich befanden wir uns in einer richtigen, altehrwürdigen Kirche, der Pastor trug ein langes, weißes Nachthemd (später erfuhr ich, dass man es eine »Albe« nennt), und eine Orgel gab es auch. Nachdem sie einige Lieder gespielt hatte und wir ausgiebig gesungen hatten, lud der Pastor die Gottesdienstbesucher dazu ein, etwas von sich zu erzählen. Da kam eine Frau in einem hellen Gewand nach vorn. Sie hatte lange blonde Haare und eine große Brille auf. Die Frau schnappte sich das Mikrophon und sagte laut: »Ich möchte euch etwas erzählen: Gott hat gerade zu mir gesprochen!« Was Gott dieser Dame jetzt genau gesagt hatte, bekam ich nicht mehr mit. Denn ich war mir ganz sicher: In wenigen Sekunden würden gleich zwei Männer in weißen Kitteln aus der Seitentür kommen. Sie würden die Frau in eine Zwangsjacke stecken und sie in die nächste Psychiatrie bringen, in die geschlossene Abteilung.

Aber genau das Gegenteil war der Fall! Sie durfte bis zum Schluss ausreden, und am Ende applaudierte sogar die ganze Kirche!

Erst viele Monate später, nachdem ich selbst einen Neustart mit Gott begonnen hatte, wurde mir klar, dass Gott auch heute noch mit den Menschen redet. Diese Frau hatte tatsächlich die Stimme von Jesus gehört. Ist das nicht irre? Heute glaube ich, dass dieses ganze Thema zu den letzten großen Abenteuern der Menschheitsgeschichte gehört. Gottes Stimme zu verstehen, zu erkennen, was er sagt und was er will, das muss doch sehr aufregend und spannend sein! In meinen vielen Jahren als Christ habe ich selber einige ermutigende Erfahrungen auf diesem Gebiet machen dürfen.

Ich weiß natürlich: Gott redet nicht in der Art mit mir wie meine Frau. Er gibt mir auch nicht auf jede Frage eine Antwort. Aber doch nimmt er immer wieder Kontakt mit mir auf. Er führt mich durchs Leben und gibt mir oft ganz klare Hinweise. Worte, Warnungen und Ratschläge, wie es bei mir weitergehen soll. Wie ein Hirte eben seine Schafe führt. Um übernatürliche Dinge zu verstehen, brauchen wir Bilder aus dem Bereich des Natürlichen. Auch Jesus hat es so gehalten. Darum will ich auch ein Bild gebrauchen, um verständlich zu machen, wie man ihn reden hören kann.

Mit Gottes Stimme ist es wie mit den Wellen eines Radios. Die Radiowellen umgeben uns die ganze Zeit. Sie sind da, überall, wir können sie nur nicht sehen. Um sie zu hören, brauchen wir einen Empfänger. Diesen Empfänger müssen wir einstellen, wir müssen ihn auf die richtige Frequenz stellen. Und hier liegt das Problem.

Die Stimme meiner Frau höre ich mit meinen Ohren. Das

Ohr ist mein Empfänger. Mit ihm kann ich ihre Stimme wahrnehmen. Aber die Stimme Gottes höre ich mit einem anderen Ohr. Es ist ein inneres Ohr, das Ohr meines Herzens.

Jeder Mensch hat dieses innere Ohr. Es ist nur leider bei den meisten Menschen sehr verkommen, es ist verschrumpelt und klein. Besonders in der westlichen, materialistischen Welt. Denn hier wird es so gut wie nie gebraucht. Wir versuchen uns alles wissenschaftlich zu erklären, mit dem Verstand. Wir benutzen unser inneres Ohr so gut wie nie.

Wenn man einen Sportunfall hat und das Bein viele Monate im Gips liegen muss, dann schrumpfen die Muskeln. Sie werden nicht gebraucht und verändern sich. Die Muskeln werden immer kleiner und schlaffer. Genauso ist das auch mit dem inneren Ohr. Wenn wir nie geübt haben, Gottes Stimme zu hören, werden wir sie auch kaum vernehmen können. Doch über die Jahrhunderte hinweg gab es immer Mönche in den einsamen Klöstern auf der Welt, die sich darin geübt haben. Gott redet auch heute noch, wir müssen unser inneres Ohr nur auf Empfang stellen. Wir müssen uns üben und die richtige Frequenz finden.

Wir redet Gott denn mit uns? Es gibt unterschiedliche Arten. Ich möchte einige davon aufzählen. Im Neuen Testament begegnet uns das erste Reden Gottes gleich am Anfang. Dort steht ein Engel vor Maria und kündigt ihr die Geburt von Jesus an. Wir kennen diese Erzählung alle aus der Weihnachtsgeschichte. So etwas passiert heute recht selten. Und doch kenne ich Leute, die mir von Begegnungen mit Engeln berichtet haben. Ich habe keinen Grund zu glauben, dass das nicht stimmt. So ein Treffen muss eine ganz außerordentliche Angelegenheit sein. Engel leben in der Nähe Gottes. Ihnen zu begegnen kann nicht ohne Folgen bleiben. Aber es passiert, wenn auch selten. Daher muss es auch genannt werden.

Eine weitaus wahrscheinlichere Variante ist, dass Gott

durch einen Traum zu den Menschen redet. In den Träumen kann Gottes Geist uns gut über unsere Phantasie erreichen. In der Prophetie von Joel im Alten Testament wird gesagt: »Die Menschen werden Träume und Visionen haben.« (Joel 3,1) Das meint: Gott redet durch Träume zu den Menschen. Ich hatte vor vielen Jahren einmal so einen Traum. Er unterschied sich von anderen Träumen, das spürte ich sehr schnell. Ich saß in einer Kneipe auf St. Pauli. Aber die Kneipe war kein normales Lokal, sie war eine Kirche. Überall lagen Bibeln. Es gab einen Raum, in dem man nur beten konnte. Eine Kneipe als Kirche und eine Kirche als Kneipe.

Als ich erwachte, nahm ich mir ein Blatt Papier und malte die Umrisse der Kneipe auf, die ich im Traum gesehen hatte. Genau zehn Jahre später bekam ich mit Freunden diese Kneipe angeboten! Die Zeichnung stimmte zu 95 Prozent mit den tatsächlichen Gegebenheiten überein. Wir mieteten das Objekt und haben von dort viele Jahre für Gott gearbeitet, mitten auf St. Pauli! So kann aus einem Traum von Gott Wirklichkeit werden.

Die nächste Möglichkeit, wie Gott zu uns spricht, ist durch die Bibel. Millionen von Christen auf der ganzen Welt haben das erlebt. Sie standen mit einer bestimmten Frage vor Gott. Dann schlugen sie die Bibel auf, und plötzlich war dort ein Vers, der genau auf ihre Situation passte. Gott hatte gesprochen! Auch das ist mir schon sehr oft passiert.

Häufig redet Gott auch durch eine Predigt zu einem Menschen. In fast jedem Gottesdienst wird damit gerechnet. In der evangelischen Tradition hat man extra die Kanzel an eine erhöhte Stelle in der Kirche angebracht, um damit diese Erwartung zu bestärken. Die Predigt steht hier im Mittelpunkt eines Gottesdienstes. Denn die Erwartung ist: Gott redet durch den Prediger in unser Leben. Folgendes ist mir schon oft passiert: Ich sitze in der Kirche mit einer bestimmten Frage. Auf einmal predigt der Pastor genau darüber und gibt mir die Antwort auf mein Problem. Zufall? Nein, das war Gott, der da zu mir sprach!

Manchmal sind es auch die Umstände, die Gott fügt. Eine weitere Möglichkeit. Es gibt eine Stelle in der Apostelgeschichte, wo erzählt wird, wie Paulus an der Weiterreise gehindert wird. Er nimmt diesen Umstand als ein Reden Gottes hin und ändert seine Reiseroute. Ich würde aber nicht jeden Umstand als ein Reden Gottes verstehen wollen. Das muss immer geprüft werden.

Das Gleiche gilt übrigens auch für unser Gewissen. Dieses Organ schlägt an, wenn wir Mist gebaut haben, und oft steckt Gott dahinter. Es kann aber auch durch eine falsche, anerzogene, zu strenge Moral nicht richtig justiert worden sein. Es schlägt falsch an, aber wir deuten es als Reden Gottes. Daher kann man sich nicht immer darauf verlassen.

Am häufigsten erlebe ich, dass Gott durch eine innere Stimme zu mir spricht. Es ist die Stimme meines Herzens, die Stimme in meinen Gedanken, die ich von Gott höre. Und hier gilt genau das, was ich anfangs versucht habe zu beschreiben: Wir müssen seine Stimme heraushören können aus den vielen anderen Stimmen, die auch noch in unseren Köpfen sind. Zum Beispiel die Stimmen unserer Eltern oder unserer Lehrer. Oft erlebe ich es so: Ich sitze im Gottesdienst und bete leise vor mich hin. Plötzlich kommt ein Gedanke in meinen Kopf, und ich weiß gar nicht, woher der kommt. Könnte es sein, dass Gott gerade mit mir sprechen will?

Natürlich gibt es auch Dinge, die unser inneres Ohr verstopfen. Das fängt mit dem Unglauben an. Wenn du nicht glaubst, dass Gott zu dir redet, dann kannst du auch nur sehr schwer seine Stimme hören. Du bist ja gar nicht darauf eingestellt, du nimmst sie nicht wahr. Manchmal sind es auch Sünden, die unser Ohr verstopfen. Wenn ich gerade richtig großen Mist gebaut habe, fällt es mir schwer, auf ihn zu hören.

Was mich am meisten daran hindert, Gottes Stimme zu hören, sind die vielen anderen Stimmen in meinem Kopf. Es ist oft so laut in meinen Gedanken, dass seine Stimme nicht zu mir durchdringt. Denn Gott schreit uns nicht an. Es gibt eine Stelle im Alten Testament, wo der Prophet Elia Gott nur durch einen leisen Wind hört. Lauter war seine Stimme nicht. Nur ein Rascheln. Wir sollten also erst einmal zur Ruhe kommen und unsere lauten Gedanken ausschalten, um seine Stimme wahrnehmen zu können.

Ich versuche mir regelmäßig eine Zeit zu nehmen, in der Gott zu mir reden kann. Dazu schalte ich das Telefon und das Handy aus und fahre den PC herunter. Dann wird die Tür zugeschlossen, und ich setze mich auf einen bequemen Stuhl. Auf dem Tisch vor mir liegen ein kleines Büchlein mit leeren Seiten und eine Bibel. Dann gebe ich alle Stimmen, die in mir sind, an Gott ab. Ich bete: »Jesus, nimm alles, was an Gedanken jetzt in mir ist, weg!« Manchmal befehle ich auch den anderen Stimmen zu schweigen, wenn sie immer wieder kommen. Zum Beispiel den Sorgen oder anderen lauten Gedanken. Das tue ich, weil ich jetzt seine Stimme hören will.

Dann schweige ich. Ich achte auf das, was in meinem Geist passiert. Manchmal sehe ich plötzlich ein Bild vor meinem inneren Auge. Dieses Bild schaue ich mir länger an. Ich frage: »Gott, hat das etwas zu bedeuten?« Dann warte ich wieder eine Weile und sehe, ob eine Antwort kommt. Die Antwort schreibe ich mir immer in meinem Buch auf. Denn ich will überprüfen, ob das Gehörte wirklich eintrifft. Manchmal kommt nur ein Wort oder ein ganzer Satz. Mit ihm verfahre ich genauso. Nachdem dieser Prozess abgeschlossen ist, will ich die Aussagen vor Gott prüfen. Ich versuche es mit dem abzugleichen, was in der Bibel steht. Wenn Gott in der Bibel so nicht spricht, wird er in dieser Form auch nicht zu mir sprechen. Zum Beispiel wird Gott dich nie verfluchen, weil die Bibel sagt, dass er dich liebt. Er wird dir auch keinen Auftrag erteilen, der dem widerspricht, was Jesus gesagt hat.

Ich habe mit dieser Praxis schon viele gute Erfahrungen gemacht. Gott redet heute noch. Seine Schafe hören seine Stimme. Er kommt nicht immer zu mir durch. Ich erlebe eine Entwicklung dabei. Je besser ich Gott kenne, desto besser verstehe ich ihn auch. Und je besser ich ihn verstehe, desto besser lerne ich ihn kennen. Es ist beides, und beides hängt miteinander zusammen. Jeder gläubige Christ ist in der Lage, Gottes Stimme zu hören und zu erkennen, wenn er ruft.

Kurzgefasst:

Gott redet auch heute noch mit uns.
Wir müssen lernen, seine Stimme aus den vielen
Stimmen des Alltags herauszuhören.
Wenn uns das gelingt, beginnt ein Abenteuer.

Bibelstelle:

Johannes 10,27; Joel 3,1

Gebet:

»Jesus, sprich zu mir. Ich möchte deine Stimme
hören und verstehen, was du mir sagst!«

Lustvoll leben

Du liegst mit deiner Freundin oder deinem Freund auf dem Sofa. Ihr küsst euch. Zuerst nur leicht und zärtlich. Doch dann immer heftiger. Auf einmal ist kein Halten mehr. Die Gefühle sind mächtiger als der Verstand. Ihr gebt euch dem Rausch hin und landet im Bett. Leider?

Sex besitzt eine unglaublich starke Kraft. Jeder Mensch hat diese Kraft schon in jungen Jahren kennengelernt. Sie kann bewirken, dass wir die Kontrolle über uns verlieren. Es wird sogar erst richtig schön, wenn es wild wird. Sex löst einen wahren Rauschzustand im Körper aus, einen Cocktail an körpereigenen Drogen, und das völlig kostenlos. Der Verstand wird dabei zunehmend abgeschaltet. Sex sorgt dafür, dass ich von meinen Gefühlen übermannt (oder »überfraut«) werde.

Ich kann mich in dem Rausch treiben und gehen lassen. Doch wer das möchte, muss auch bereit dazu sein, sich seinem Partner gegenüber zu öffnen.

Er muss sich fallen lassen können, und er macht sich damit auch verletzlich.

Solange es Menschen gibt, versuchten sie, die Kraft der Sexualität unter Kontrolle zu bringen. Vergeblich. Von Cäsar bis Bill Clinton, von einem Oberhaupt des Römischen Reiches bis zu einem Oberhaupt der Vereinigten Staaten von Amerika. Überall das Gleiche. Wegen Sex wurden Kriege geführt, und Teller flogen als Wurfgeschosse durch

Küchen und Wohnzimmer. Mancher blamiert sich wegen Sex gern vor der ganzen Welt.

Dabei fängt es meistens ganz harmlos an, vorsichtig und langsam. Vielleicht nur eine kleine Berührung, ein vorsichtiger Kuss, ein erregendes Bild, eine erotische Musik. Und dann steigt der Pegel immer höher. Der Gedanke an Sex übernimmt die Kontrolle, er kommt in Wellen, er kommt immer stärker, immer heftiger, immer wilder, bis man schließlich im Höhepunkt zur vollkommenen Entspannung gelangt. Auf dem Bett, dem Sofa oder im Kornfeld, das ist eigentlich egal.

Was klein anfängt, endet in einer Explosion. Manchmal sogar in einer Kreation, in der Schöpfung eines neuen Lebens. Das finde ich total schön.

»Ja, Sex kann neues Leben erschaffen.« Das ist mit Sicherheit nur eine seiner Eigenschaften, aber doch eine sehr wichtige. Jeder Mensch auf dieser Welt ist das Ergebnis von Sex. Es ist eine lebensschaffende Kraft.

Gott hat uns damit etwas von seiner Schöpfungskraft abgegeben. Wer die Bibel kennt, weiß, dass Gott einen lebenschaffenden Charakter hat. Die Schöpfungsgeschichte zeigt, was für eine Freude er dabei empfunden haben muss. Er spricht ein Wort und es entsteht etwas Neues. Erst das Meer, dann die Natur, die Tiere und den Menschen und alles in unterschiedlichen Farben und Formen. Und genau diese Kraft hat Gott auch in die Sexualität gelegt. Eine herrliche Idee.

Aber diese Kraft macht auch Angst. Vielleicht gerade weil sie so unkontrollierbar erscheint. Durch den sexuellen Trieb werden ständig Menschen verletzt. Ein Grund, warum Moral erfunden wurde, war, dass man Grenzen setzen wollte. Wir sollten lernen, wie man mit dieser Kraft umzugehen hat.

Apropos Moral: Als ich meinen Freunden auf Facebook die Frage gestellt habe, was in ein Kapitel über Sex vor der

Ehe unbedingt rein muss, kochte die Diskussion binnen Sekunden bis zum Siedepunkt hoch. In kurzer Zeit hatte ich über tausend Kommentare, und keine zwei waren gleich. Das Spektrum reicht von »Wer Sex vor der Ehe hat, sollte öffentlich bestraft werden« bis zu »Warum nicht auch mal mit zwei Partnern gleichzeitig, wenn beide das okay finden«. Ich liebe meine Facebookfreunde.

Doch zurück zur Sexualität und der Kraft, die in ihr steckt. Ich empfinde sie manchmal wie ein wildes Pferd, das gezähmt werden muss, damit man es auch reiten kann. Im Galopp durchs Bett, Dressurreiten auf dem Küchentisch.

Diese wild pulsierende Energie wird von vielen Menschen unterschätzt. Das, was Leben schafft, kann auch Leben zerstören. Mir sind in meinem Dienst viele Menschen begegnet, die sexuell missbraucht worden sind. Jedes Mal hatte jemand diese Kraft nicht unter Kontrolle. Der krankhafte Trieb hat den Betroffenen sehr große Schmerzen zugefügt. Vor Jahren arbeitete ich einmal im Krankenhaus auf einer Drogenentzugsstation. Da gab es eine Statistik, die besagte, dass 40 Prozent aller heroinabhängigen Frauen als Kind sexuell missbraucht worden waren. Auch hier hatte Sex eine zerstörerische Kraft. Wenn man sie nicht kontrolliert, wenn sie falsch eingesetzt wird, geht viel kaputt.

In meiner ersten Beziehung als Christ hab ich folgende Erfahrungen mit dem Sex gemacht: Ich war erst ganz frisch im Glauben, hatte vieles noch nicht verstanden. Da lernte ich eine hübsche Frau auf einem Gemeindeseminar kennen. Ich war sofort verliebt. Neben einer äußerst netten Art hatte sie auch einen tollen Körper, verführerische, rote Lippen und schöne Rundungen.

In unserer Gemeinde war Sex vor der Ehe ein absolutes Tabu. Man bezog sich dabei auf eine Bibelstelle aus dem Alten Testament. In diesem Gesetzestext von Mose heißt es: »Sie werden ihren Vater und ihre Mutter verlassen. Die beiden sind dann ein Leib und eine Seele.« (1 Mose 2,24) Man beachte die Reihenfolge. Erst Vater und Mutter verlassen, dann ein Paar werden.

Aber auch Selbstbefriedigung war nicht »erlaubt«. Wohin also mit unserer Energie? Meine Freundin und ich haben wirklich alles versucht. Vor jedem Treffen kalt duschen, besonders untenrum. Im Zimmer hängten wir Zettel auf, mit Texten wie »Achtung! Kein Sex vor der Ehe!« oder »Wir wollen warten!« und »Hände überm Hemd!«. Wir hatten uns sogar ein spezielles Gebet ausgedacht und es auswendig gelernt. »… wir wollen heute enthaltsam sein. Wir wollen mit dem Sex warten. Amen!«

Jedes Mal, wenn wir uns trafen, haben wir uns als Erstes dieses Gebet vorgesagt. Doch am Ende hat es nicht wirklich gewirkt. Immer wieder landeten wir im Bett. Die Kraft war einfach zu stark. So kamen wir zu dem Schluss, dass es besser wäre zu heiraten. Damit würden wir zumindest auf diesem Gebiet die »Sünde« wieder gerade biegen. Eine gute Idee?

Im Rückblick würde ich sagen, dass es ein Fehler war. Sicher hatten wir in den folgenden Jahren auch wirklich gute Phasen. Wir haben einiges gemeinsam erreicht. Doch je länger wir zusammen waren, desto trennender wurden die Unterschiede zwischen uns. Es war wie ein Graben, der immer da ist, aber keiner von uns wollte ihn sehen. Wir waren ganz unterschiedlich gestrickt, hatten ganz unterschiedliche Auffassungen vom Leben.

Und dann wurde die Ehe zum Horror. Es gab nur Streit, Krieg und sogar Schläge. Als meine Frau auszog und die Scheidung einreichte, kam es mir vor wie eine Erlösung. Endlich frei. Natürlich weiß keiner, wie mein Leben verlaufen wäre, wenn es mit dem »No sex before marriage«-Ding damals geklappt hätte. Da wir aber auch in anderen Bereichen unserer Beziehung Probleme hatten, kann man wohl davon ausgehen, dass dieser Schritt, nur wegen Sex zu heiraten, keine gute Idee gewesen ist. Es hatte zwischen uns nicht funktioniert.

Es gibt bestimmt einige gute Gründe, mit dem Sex zu warten. Aber ich würde diese Entscheidung eher psychologisch als biblisch begründen. Zum Beispiel, weil Sexualität schnell die trennenden Dinge verdrängt. Es wird nicht mehr wahrgenommen, ob der Partner für eine gemeinsame Zukunft taugt. Man ist mehr im Bett als im Gespräch. Intensive gemeinsame Erlebnisse sind viel besser, um eine stabile Grundlage für eine Beziehung zu legen. Sie soll ja lange halten, am besten ein Leben lang.

Sex ist gesund, da sind sich alle Wissenschaftler einig. Der Körper, aber auch die Psyche brauchen Sex wie die Luft zum Atmen. Oder den *Latte macchiato* am Morgen, gleich nach dem Aufstehen. Ich finde es wichtig zu betonen, dass Sex etwas sehr Gutes ist. Was für ein großes Geschenk wurde uns damit gemacht! Wir können Gefühle empfinden, Liebe körperlich austauschen, einen Rausch der Hormone erleben. Und das kostenlos!

Beim Sex kommen wir unserem Partner in einer intimen Form sehr nahe, bis dahin, dass wir uns sogar körperlich vereinen. Sex ist ein wichtiger Teil in jeder Beziehung. Wenn es in diesem Bereich der Ehe nicht klappt, hat man ein großes Problem. Es könnte als trennend empfunden werden, wenn es für den Rest des Lebens nur noch schlechten Sex gibt.

Was sagt die Bibel eigentlich dazu? Die sexuelle Moral im Buch der Bücher hat sich im Laufe ihrer Geschichte verändert, sie ist unterschiedlich und wird auch unterschiedlich bewertet. Zur Zeit des Alten Testaments war vorehelicher Geschlechtsverkehr beispielsweise ein Tabu. Falls das doch passierte, musste der Mann die Frau heiraten oder einen anständigen Brautpreis bezahlen. Allerdings galt diese Regel nur, wenn es sich um eine Frau im heiratsfähigen Alter handelte. Dafür war es relativ okay, mehrere Ehefrauen gleichzeitig zu haben. Bei Salomo, dem berühmten König von Israel, wird von über 1000 Ehefrauen berichtet.

Einige Theologen glauben, dass es auch zur Zeit des Neuen Testaments für Männer möglich war, mehrere Frauen zu heiraten. Da Paulus in seinen Briefen an Timotheus und Titus einzig die Diakone und Ältesten anweist, sich nur eine Frau zu nehmen, gehen sie davon aus, dass es für den Rest durchaus möglich war, nicht nur eine Dame zu ehelichen. Heute wäre so etwas in Deutschland nicht nur für Christen moralisch verwerflich. Es ist sogar gesetzlich verboten. Das beweist, wie stark sich die Moralvorstellungen auch der Christen mit der Zeit verändert haben.

Für die damalige Zeit war es für eine Frau überlebenswichtig zu heiraten. Sie hätte sonst für den Rest ihres Lebens bei den Eltern wohnen müssen, falls man sie nicht verstoßen hätte. Frauen durften nicht arbeiten. Das ist heute zum Glück anders. Auch hier gab es eine Veränderung in der Gesellschaft, die eine neue Moralvorstellung zum Ausdruck bringt.

Alles, was Gott von uns will, hat für mich auch immer eine natürliche Erklärung. Gott schafft keine sinnlosen Gesetze, nur um uns zu ärgern! Was er von uns will, hat immer einen Sinn. Damals hatte es Sinn, keinen Sex vor der Ehe zu haben. Heute ergibt das für mich keinen Sinn mehr. Die Gesellschaft hat sich verändert, Frauen arbeiten und verdienen Geld, sie sind nicht mehr von den Männern abhängig.

Und was denkt bzw. sagt eigentlich Jesus? Wenn für ihn dieses Thema wichtig gewesen wäre, hätte er nicht auch etwas dazu gesagt? Es ist doch erstaunlich, dass in keiner Predigt von ihm auch nur ein Wort über Sex, Selbstbefriedigung und auch nicht über Sex vor der Ehe gefallen ist. Und übrigens auch nicht über Homosexualität. Ich glaube, Jesus hat hier einen ganz anderen Schwerpunkt gesetzt. Moral war nicht sein Ding. Eher, wie wir miteinander umgehen, das war ihm wirklich wichtig. Liebe ist sein Hauptthema, das sieht man überall im Neuen Testament. Die Liebe hat Jesus zum wichtigsten Gebot erklärt. Gott zu lieben steht an erster Stelle, und gleich danach kommt die Forderung, seinen Nächsten so zu lieben, wie man sich selber liebt. Darin ist alles zusammengefasst, was Gott will, sagte Jesus (Matthäus 22,34–40).

Jesus schien es immer wieder auf die falschen Moralvorstellungen der Leute abgesehen zu haben. Nehmen wir das Beispiel von der Sünderin aus dem Lukasevangelium, Kapitel 7, Verse 36 bis 50. Sie war eine Prostituierte, und alle in der Stadt wussten es. Vermutlich hatte sie in dieser Woche mit einem Dutzend unterschiedlicher Männer Sex gehabt. Vielleicht sogar noch mehr. Und einige von ihnen standen in dieser Szene bestimmt vor dem Fenster, um den berühmten Prediger mit dieser Frau zu sehen. Fast so wie in einer Peepshow.

Jesus ließ sich aber nichts anmerken. Er erlaubte, dass sie eine sehr intime Handlung an ihm vollzog. Sie küsste ihm die Füße und kam ihm so nahe, dass ihre Tränen seinen Körper berührten. Alle hatten damals erwartet, dass Jesus ihr eine klatscht, zumindest verbal. Er hätte sie für ihre moralischen Verfehlungen öffentlich verurteilen müssen. Schließlich nahm er bei den Pharisäern ja auch kein Blatt vor den Mund. »Otterngezücht« hat er sie genannt, nicht gerade nett. Aber Jesus verlor kein negatives Wort über ihre sexuellen Sünden. Es scheint ihm nicht so wichtig zu sein. Ganz im Gegenteil, er lobt sie mehr als viele vor und nach ihr, er stellte sie als Vorbild dar und vergab ihr.

Ich glaube, es ist die Aufgabe der Stunde, sich auf die wesentlichen Aussagen des Jesus von Nazareth zu konzentrieren. Es ging ihm in seinen Reden um Liebe und darum, dass Menschen wieder in die Verbindung mit Gott kommen. Wenn er sich gegen andere Meinungen zur Wehr gesetzt und etwas öffentlich kritisiert hat, so war das stets die Scheinheiligkeit und Gesetzlichkeit der Superfrommen. Moral gehörte definitiv nicht zu einem seiner Hauptthemen.

Oft höre ich im Gespräch mit Christen, dass Paulus in seinen Briefen das Fleisch als bedrohliche Kraft verurteilt und vor seinen Wirkungen warnt. Und mit Fleisch, so ist dann der Umkehrschluss, muss er unseren körperlichen (= fleischlichen), sexuellen Trieb gemeint haben. Das »erregte Fleisch«. Doch diese Aussage ist großer Unsinn. Paulus meinte mit Fleisch etwas völlig anderes. Es hatte nichts mit unserem Körper zu tun. Es ging ihm um unsere alte Natur, unser altes Wesen, das ohne Gott lebt. An Sex dachte er dabei nicht. Wenn das Neue Testament von Unzucht redet, dann ist damit übrigens auch nie der Sex vor der Ehe gemeint.

Sex sollte immer unter dem Vorzeichen der Liebe geschehen. Wir müssen lernen, mit dieser überwältigenden, pulsierenden Kraft, die in der Sexualität steckt, umzugehen. Sie sollte uns nicht kontrollieren. Diese Kraft kann wunderschön sein, sie gibt uns wundervolle Gefühle. Und manchmal erschafft sie sogar neues Leben. Wie göttlich ist das! Aber wenn wir diese Lektionen nicht lernen, kann sie auch viel Schaden anrichten und tiefe Wunden reißen. Gut und Böse beim Sex zu unterscheiden, ist eine Aufgabe, die Gott jedem Menschen gegeben hat.

Kurzgefasst:

Gott hat auch den Sex geschaffen.
Sex ist etwas Gutes.
Aber er muss aus Liebe geschehen.

Bibelstellen:

1 Mose 2,24; Matthäus 22,34–40.

Gebet:

»Danke, Gott, für die Kraft der Sexualität.
Ich möchte sie genießen. Bitte hilf mir dabei,
gut und gesund mit ihr umzugehen.«

Wunder? Heute?

Einer der geheimnisvollsten, grundlegendsten, aber auch aufregendsten Begriffe der Bibel ist das Wort »Glaube«. Es wird in unterschiedlichen Zusammenhängen gebraucht. Glaube wird als etwas beschrieben, das den Menschen in den Himmel bringt. So sagt Paulus im Römerbrief: »Der Mensch muss Gott nicht durch seine Leistungen überzeugen. Er wird allein aufgrund seines Glaubens von Gott angenommen.« (Römer 3,28). Dieser Glaube ist eine sehr starke Form des Vertrauens auf und der Hingabe an Jesus.

Aber es wird in der Bibel auch immer wieder auf eine andere Form des Glaubens hingewiesen. Und diese Form soll Wunder bewirken können!

Jesus war der erste jüdische Lehrer, der ausführlich über diesen wunderwirkenden Glauben gesprochen hat. Es gibt eine Menge Bibelstellen, die das belegen. Er lehrte zum Beispiel, dass wir nur einen Glauben in der Größe eines Senfkorns brauchen, um Berge von einem Ort an einen anderen zu versetzen (Matthäus 17,20). Dieses »nur« war wohl ernst gemeint. Ich kenne aber bis heute keinen Christen, der jemals einen Berg von einer Stelle an eine andere versetzt hat. Noch nicht einmal einen Hügel. Oder nur ein Häufchen.

Ständig sagte Jesus, nachdem ein Mensch von ihm geheilt worden war: »Dein Glaube hat dir geholfen.« Oder: »Dir geschehe, wie du geglaubt hast!« Eine besonders auffällige Stelle hierzu findet sich im Markusevangelium im 9. Kapitel, Verse 17 bis 27. Auffällig auch deswegen, weil es sich hier nicht um ein »normales« Heilungswunder handelt. Nein, es ging um eine Heilung, die mit einer Dämonenaustreibung verbunden war. Schon eine ziemlich krasse Nummer. Aber lies selbst:

Ein Typ aus der Menge sagte: »Mein Herr, ich habe gerade meinen Sohn hierhergebracht. Ich wollte Sie bitten, ihn gesund zu machen. Er kann nicht sprechen, weil ein fieser Geist in ihm ist und ihn kontrolliert. Wenn der Geist richtig loslegt, dann haut er ihn einfach um, seine Spucke wird weiß, er knirscht mit den Zähnen und verkrampft total. Ich hatte ihn schon Ihren Freunden vorgestellt, aber die konnten auch nicht wirklich weiterhelfen.« Jesus war etwas genervt: »Oh, Mann, warum habt ihr so wenig Vertrauen in Gott? Wie lange muss ich es noch bei euch aushalten, bis ihr endlich kapiert, wie so was funktioniert? Bringt den Jungen mal her!« Als der Junge gebracht wurde, legte der fiese Geist gleich richtig los, als er Jesus sah. Der Junge krampfte hoch zehn, wälzte sich auf dem Boden hin und her und hatte gleich wieder weißen Schaum vor dem Mund. »Seit wann treten diese Symptome auf?«, wollte Jesus wissen. Der Vater sagte: »Schon seitdem er klein ist. Der fiese Geist hat ihn schon oft umgehauen, ihn sogar in eine Feuerstelle und auch ins Wasser geworfen. Ich glaube, er will ihn töten. Bitte, helfen Sie uns! Tun Sie etwas, wenn Sie dazu in der Lage sind!« – »Was ist das denn für 'ne Ansage? ›Wenn ich dazu in der Lage bin‹? Alles ist möglich für jemanden, der hundert Prozent vertraut!« Der Vater sagte dann: »Ich habe ein großes Vertrauen in Sie! Aber helfen Sie mir dabei, Ihnen wirklich auf die Art zu glauben, wie es nötig ist!« Jesus kriegte mit, dass immer mehr Zuschauer da waren. Er bedrohte den fiesen Geist und sagte zu ihm: »Du Geist, der Menschen stumm und taub macht, ich befehle dir jetzt: Hau ab aus diesem Kind! Du darfst da auch nie wieder reinkommen! Verschwinde!« Der Geist brüllte los, packte den Jungen noch einmal, warf ihn hin und her, und dann verschwand er. Der Junge saß erst mal still da, ohne sich zu bewegen. Alle dachten, er wäre tot. Aber Jesus nahm seine Hand und zog ihn hoch, bis er stehen konnte.[*]

Diese Geschichte hat mehrere Seiten, die wir in Ruhe anschauen sollten. Zuerst die Seite, wo es um eine Dämonenaustreibung geht. Es gibt im Neuen Testament mehrere solcher Berichte. Die krasseste Austreibung ist wohl die, wo Jesus gut tausend Dämonen aus einem Mann rauschmeißt. Der Mann lebte auf einem Friedhof. Er war selbst mit Stahlketten nicht zu bändigen, verletzte sich mit einem Stein und lief wild schreiend durch die Gegend. Diesem Mann wäre ich nicht wirklich gern begegnet. Nach einem kurzen Wortwechsel müssen die dunklen Geister in eine Herde von Schweinen einfahren. Die Schweine begehen daraufhin kollektiven Selbstmord. Sie stürzen sich eine Klippe runter und ertrinken alle in einem See. Nachzulesen ist das bei Lukas 8,26–39.

Insgesamt finden wir über ein Dutzend solcher Berichte im Neuen Testament. Bei dieser Fülle an biblischen Befunden muss man sich schon fragen, wann es in deiner Gemeinde die letzte Dämonenaustreibung gegeben hat. Wenn das im Neuen Testament so normal war, wo sind die ganzen Dämonen bloß geblieben? Gibt es die heute nicht mehr? Sind sie vielleicht ausgestorben? Vielleicht haben Jesus und seine Jünger ja auch alle Dämonen in die Hölle geschickt, und jetzt sind keine mehr übrig? Nein, das halte ich für höchst unwahrscheinlich.

Es soll hier aber nicht nur um Dämonenaustreibung gehen, sondern um das Thema Glaube. Was ich an dieser Stelle bemerkenswert finde, ist die Tatsache, dass Jesus in dieser Geschichte ungehalten, ja fast genervt reagiert. Der hilfesuchende Vater kann nicht klipp und klar bekennen: »Ja, Jesus, ich glaube dir! Ich vertraue dir, dass du meinen Jungen heilen kannst!« Und das kritisiert der Gottessohn. Er ist sauer. Selbst in der alten Lutherübersetzung schwingt diese Emotion durch. Dort wird Jesus so zitiert: »O du ungläubiges Geschlecht. Wie lange soll ich bei euch sein? Wie lange soll ich euch ertragen?« Mit anderen Worten »Ich bin von euch genervt!«

Ich finde die Empörung im ersten Moment ganz schön heftig. Ich meine: Hallo, ist das nicht normal? Wenn es so leicht wäre, warum erleben denn nicht alle gottgläubigen Menschen zu allen Zeiten diese großen Wunder? Wusste Jesus nicht, worauf er sich einlässt?

Aber je länger ich drüber nachdenke, desto mehr komme ich zu dem Schluss: Jesus hatte recht. Mal wieder. Er kritisiert, dass uns der Glaube fehlt. Der Glaubenslevel der Gläubigen ist zu niedrig. Damals wie heute. Wir vertrauen Gott nicht mehr. Wo gehen die Menschen denn heute hin, wenn sie eine Heilung brauchen und die Ärzte nicht mehr helfen können? In die Kirchen? Nein! Zu den Geistheilern, den Esoterikern und Spiritisten. Unsere Kirche ist nicht mehr bekannt dafür, dass in ihr Heilungswunder passieren. Wer das braucht, muss es woanders suchen. Das ist doch sehr schade.

Ich habe mich also gefragt: Was kann denn dafür sorgen, dass wir größeren Glauben bekommen? Wie kann es mehr Vertrauen zu Gott in unserem Leben geben? Wie kann der Glaubenslevel bei uns wieder ansteigen?

Ich kam auf vier Gedanken, die vielleicht dabei helfen könnten.

1. Glaube wächst in einer Beziehung. Ich kenne meine Ehefrau Rahel jetzt mehr als elf Jahre. Und ich kann ohne Übertreibung sagen: Unser Vertrauen zueinander war noch nie so groß wie heute.

Wie kommt das? Wir kennen uns immer besser. Wir haben sehr viel Zeit miteinander verbracht. Wir haben viel miteinander geredet. Wenn irgendetwas passieren sollte, ist sie die Person, der ich am meisten vertraue. Ich kann mich hundertprozentig auf sie verlassen, wir kennen uns sehr gut. Menschen erzählen mir immer wieder, sie hätten wenig Vertrauen zu Gott. Es fällt ihnen schwer, Gott wirklich zu glauben. Und dann frage ich zurück: »Wie gut kennst du Gott eigentlich? Redet ihr viel miteinander? Ist er wirklich dein enger Freund?« Kommunikation ist das A und O in jeder Beziehung. Wenn du mit Gott wenig sprichst und er auch zu dir wenig sprechen kann, wird dein Vertrauen zu ihm nicht wirklich wachsen können. Wenn du mit deinem Partner nicht mehr redest, dann ist eure Beziehung tot. Beziehungen müssen gepflegt werden. Man muss sich aufeinander einlassen und miteinander reden. Man muss Dinge gemeinsam machen, gemeinsam erleben. So wird eine Beziehung tiefer und inniger. Genauso ist es auch mit Gott.

2. Glaube muss genährt werden. Dein Glaube kann auch durch eigenes Bemühen wachsen. Nämlich in der Art und Weise, wie du dich geistlich ernährst. Es gibt viele Bücher, Musiktexte, TV-Sendungen, Kinofilme, die deinen Glauben nicht stärken, sondern zersetzen. Und es gibt auch viele Möglichkeiten, für einen Input aus den gleichen Medien zu sorgen, der deinen Glauben wachsen und groß werden lassen kann.

Wir sprechen oft von der »Pflanze des Glaubens«. Der Begriff fällt in Gemeinden ständig. Aber jede Pflanze muss begossen werden, sie braucht Dünger und das richtige

Licht. Ich habe jetzt wieder neu angefangen, mir diese Frage zu stellen. Baut das, was ich gerade tue, meinen Glauben auf? Oder eher ab? Wird mein Vertrauen in Gott dadurch gestärkt? Oder gestört? Eine gute, gesunde, geistliche Ernährung ist existenziell wichtig, um diese Art des Glaubens zu bekommen, von der Jesus hier spricht. Einen Glauben, der Wunder bewirkt.

3. Glaube muss geübt werden. Ich finde diesen Punkt enorm wichtig. Leider gibt es in den Gemeinden zu wenige Übungsfelder. Es gibt kaum Orte, wo man diesen Glauben ausprobieren kann. Jesus nannte seine Freunde auch Schüler. Er war ihr Lehrer und brachte ihnen bei, wie man für Kranke betet. Mit jedem Erlebnis, bei dem du Gottes Kraft live erleben kannst, wächst natürlich auch dein Glaube. Vor vielen Jahren habe ich mir etwas vorgenommen. Ich wollte mehr Wunder Gottes in meinem Leben sehen. Das musste natürlich auch bedeuten, dass ich mehr für andere Leute bete. Ich wollte die Wunder live erleben. Denn nur in der Aktion kann man so etwas sehen, nicht wenn man den ganzen Tag zu Hause auf dem Sofa sitzt oder am Schreibtisch.

So ein Angebot für ein Gebet kann aber auch extrem peinlich werden. Einmal hab ich in einer Kölner Fußgängerzone auf einer Kiste gepredigt. Da kam ein Mann auf Krücken an und wollte ein Gebet für sich. Ich habe gern für ihn gebetet, aber aus irgendwelchen Gründen fiel er plötzlich um und verletzte sich dabei den Knöchel. Und zwar an seinem gesunden Bein. Er ging verletzter wieder weg, als er gekommen war. Sehr frustrierend.

Aber vor einiger Zeit hatte ich eine sehr gute Erfahrung damit. Ein Jugendlicher aus meinem Jugendzentrum wollte mit dem Kiffen aufhören. Er wusste, dass ich an Jesus glaube, und wir hatten uns oft über biblische Themen unterhalten. Trotz vieler Anläufe schaffte er es nicht. Immer wieder fing er mit dem Kiffen an. Irgendwann saßen wir in der Ecke auf dem Sofa, und er erzählte mir wieder von seinem Problem. »Darf ich vielleicht für dich beten?«, fragte ich ihn unsicher. »Könnte doch sein, dass Jesus dir hilft.« Er nickte, also betete ich. Einige Wochen später kam er völlig aufgelöst in meinen Spätdienst. »Martin, ich muss dir was erzählen! Ich habe seit unserem Gebet nicht mehr kiffen müssen!« Für mich war das natürlich eine große Ermutigung. Für ihn war es ein Gottesbeweis. Mein Glaubensmuskel ist dadurch erheblich gewachsen. Wenn ich das nächste Mal für jemanden mit so einem Problem bete, weiß ich, dass Gott es erhören kann. Ich habe es erlebt.

Gib Gott die Gelegenheit, Wunder durch dich oder an dir zu tun. Es ist sicher richtig, zu einem Arzt zu gehen, wenn du krank bist. Aber warum gehst du nicht auch einmal zu Gott und bittest ihn, dich zu heilen? Seine Praxis hat übrigens täglich 24 Stunden geöffnet.

4. Glaube ist auch immer ein Geschenk. Dieser Gedanke zum Schluss ist elementar. Es gibt Zeiten, in denen Gott viele Wunder tut. Aber es gibt auch Zeiten, in denen wenig passiert. Ich habe Freunde mit einem sehr kranken Kind. Die Erkrankung ist unheilbar, nach wissenschaftlichen Erkenntnissen. Das Kind wird früher oder später sterben. Die Eltern haben natürlich für das Kind mit aller Kraft gebetet. Aber es ist nicht geheilt worden. Warum, kann keiner sagen.

Es soll klar sein, dass der Glaube nichts ist, was wir uns erarbeiten oder gar erkämpfen müssen. Da gibt es Dinge, die sich nicht verändern, trotz Glauben, Vertrauen und Hoffnung. Gott weiß allein, warum das so ist. Mit »Geschenk« meine ich aber auch: Gott hat sich nicht allein auf unseren Glauben festgelegt. Er kann es auch ohne ihn tun, er kann es einfach schenken.

Letztes Jahr wurde ich das erste Mal auf das weltgrößte Heavy-Metal-Festival in Wacken eingeladen. Ich sollte dort im sogenannten Metal-Markt eine Lesung veranstalten. Ich las in einem großen Zelt viermal aus der Volxbibel vor. Im Zelt saßen nur sehr wenige Leute. Ich würde nicht sagen, dass es ein Flop war. Aber ein großer Erfolg war es definitiv auch nicht. Völlig überraschend bekam ich dieses Jahr wieder eine Einladung. Aber diesmal sollte ich sogar in der Ortskirche in Wacken einen Heavy-Metal-Gottesdienst abhalten. Ganz ehrlich: Für diese Veranstaltung hatte ich null Glauben. Kurz vorher stieg meine Angst ins Unermessliche. Für mich war klar, dass ich dort ausgebuht und ausgelacht werden würde. Es gab entsprechende Drohungen im Netz. Auch auf eine Schlägerei war ich innerlich vorbereitet.

Aber Gott hatte einen anderen Plan. Es wurde ein Riesenerfolg. Die Kirche musste wegen Überfüllung geschlossen werden. Und am Ende meiner Predigt gab es tosenden Beifall. Sehr viele Metal-Fans haben anschließend mit mir das Vaterunser gebetet. Manche zum ersten Mal. Vor der Veranstaltung lief ich auf dem Friedhof am Rand der Kirche auf und ab. Alles, was ich Gott noch sagen konnte war: »Herr, gib mir mehr Glauben! Hilf mir, dass ich nicht zweifle!« Dieses Gebet hat gereicht. Gott sorgte für mich, er segnete über meinen Glauben hinaus. Das war der Hammer.

Heute weiß ich: Diese Veranstaltung gehört zu den größten Erfolgen in meinem bisherigen Dienst. Und das machte Gott einfach so. Es war ein Geschenk.

Kurzgefasst:

Glaube an Gott kann Wunder bewirken.
Er wächst in der Beziehung zu Gott,
muss eingeübt und richtig genährt werden.
Er ist aber auch immer ein Geschenk.

Bibelstelle:

Markus 9,17–27

Gebet:

»Gott, danke, dass wir eine Beziehung
haben können. Ich bitte dich um mehr Vertrauen
in meinem Leben. Schenke mir einen Glauben,
der Wunder bewirken kann.«

Immer nur Probleme …

Schon in meinem Elternhaus war um 20 Uhr ein Termin immer gesetzt: die Tagesschau. Und sonst nichts. Mein Vater rief laut durch die Wohnung: »Nachrichten!« Dann galt seine volle Aufmerksamkeit nur noch dem TV-Gerät. Es war wie im Ausnahmezustand. Und wehe, wir Kinder standen einmal vor dem Bildschirm. Dann wurden wir sofort zurechtgewiesen: »Ist dein Vater Glaser?« Ehrfurchtsvoll saßen wir auf dem Sofa und warteten die heiligen fünfzehn Minuten ab, bis auch das Wetter von morgen verkündet war und wieder Normalität einkehrte in unser Wohnzimmer.

Die Tagesschau ist die mit Abstand beliebteste TV-Sendung der Deutschen. Allein im letzten Jahr haben täglich neun Millionen Menschen diese Sendung gesehen. Rechnet man die anderen Nachrichten vom ZDF (3,7 Millionen), Sat 1 (1,9) und RTL (1,7 Millionen) hinzu, kommt man auf satte fünfzehn Millionen Menschen, die sich jeden Tag im Fernsehen über das aktuelle Tagesgeschehen informieren. Dabei steht fest: Richtig hohe Einschaltquoten erzielen besonders schlimme Nachrichten: Katastrophen und Kriege, Fluten und Flüchtlingsdramen. Dann will jeder wissen, was genau passiert ist, und schaltet die Glotze ein. Nach den Ereignissen am 11. September 2001 sind die Einschaltquoten von Nachrichtensendungen in der westlichen Welt bemerkenswert gestiegen. Und seitdem bin auch ich jeden Tag dabei.

Vor einigen Jahren wurde ich einmal zu einem Vortrag in die Uni Frankfurt eingeladen. Ich sollte ein Referat halten zum Thema: »Woher kommen die Probleme, die die Menschen auf der Welt haben.« Jeder hat ja bekanntlich Probleme, mal mehr und mal weniger. Egal, ob es eher leicht zu lösende Dinge sind, wie der Streit mit einem Freund oder eine relativ harmlose Krankheit. Oder ob es schwerwiegende Probleme sind wie Krieg, Arbeitslosigkeit, Scheidung oder eine schwere Erkrankung. Wer oder was ist die Quelle allen Übels? Woher kommen die Probleme? Wer ist schuld?

Als ich selber zu Gott fand, hat man mir das Blaue vom Himmel versprochen. Mein neuer Glaube, so dachte ich, würde dafür sorgen, dass ich ab sofort keine Probleme mehr haben würde. Gott wird mein Leben segnen, und ich fliege von Wolke sieben zu Wolke acht.

Es dauerte einige Zeit, bis mir klarwurde: Das stimmt so nicht! Christen leben eben noch nicht im Himmel, sie sind aber auf dem Weg dorthin. Auch als gläubiger Mensch kenne ich Probleme, Nöte, Sorgen, Krankheiten und Schmerzen.

Sicher: Mit dem Glauben haben wir mächtige »Problemlösungswerkzeuge« in der Hand. Ich bedauere manchmal andere Menschen, die Gott nicht kennen. Sie haben diese Möglichkeiten nicht. Sie sind abhängig von den Mitteln dieser Welt: Geld, Beziehungen, Psychotherapie und Chemie, sprich: Psychopharmaka. Doch wenn man an Gott glaubt, steht plötzlich die Tür des Himmels offen. Christen haben die Möglichkeit, über den Glauben Wunder und Heilungen zu erfahren. Zum Beispiel durch Vergebung. Aber auch durch ein Gebet. Menschen ohne Glauben haben diese Möglichkeit nicht.

Schon oft habe ich mich mit Nichtgläubigen über dieses Thema unterhalten. Und ganz oft höre ich dann: Wie kann Gott diese ganzen Dinge zulassen? Warum gibt es diese

Schwierigkeiten überhaupt? Warum haben auch Christen Probleme?

Eins vorweg: Man kann diese Frage nicht bis ins letzte Detail befriedigend beantworten. Es gibt Situationen, bei denen ich auch als Christ sagen muss, dass ich den Grund dafür nicht kenne. Ein Christ, der behauptet, auf alle Fragen eine Antwort zu haben, lügt. Oder er hat vieles noch nicht verstanden. Oder es sind ihm noch nie die richtigen Fragen gestellt worden.

Nicht jedes Leid dieser Welt kann mit einer befriedigenden Antwort begründet werden. Und besonders wenn man gerade in einer sehr leidvollen Situation ist, mit einer Menge Wut im Bauch, können auch meine Antworten nicht ausreichen. Wir sollten Menschen in solchen Situationen besser einfach in den Arm nehmen, statt sie mit leeren Worten zuzutexten. Trotzdem möchte ich es zumindest versuchen, etwas Licht ins Dunkel dieser Frage zu bringen.

Ein Grundgedanke: Auf unser Leben wirken grundsätzlich vier unterschiedliche Faktoren, und zwar von außen und von innen. Diese vier Faktoren sorgen dafür, dass es Krisen geben kann, dass Probleme auftreten. Ich will diese Faktoren kurz benennen und dann etwas ausführlicher schreiben, was ich damit meine, jeweils mit Bibelstellen belegt. Ich denke, es ist wichtig herauszustellen, woher die Probleme kommen. Denn nur so kann man mit ihnen umgehen, sie auch lösen.

Ein Beispiel: Ich hatte vor Monaten große Probleme mit meinem Drucker. Er stürzte ständig ab, und ich wusste nicht, warum. Schließlich telefonierte ich über viele Stunden mit einer Hotline. Der Techniker arbeitete mit mir eine mögliche Ursache nach der anderen ab. Die Kabel, die Software, die Hardware, das Netzwerk. Nachdem wir alle Möglichkeiten durchprobiert hatten, fanden wir den Fehler. Es brauchte mehrere Anläufe, ein Ausschlussverfahren, eine Analyse, um das Problem zu lösen. Ist es im Leben nicht genauso? Gerade weil das Leben noch viel komplizierter ist als so ein Stück Technik!

Woher kommen also unsere Probleme?

Faktor Nummer eins ist der Mensch. Durch unseren Kontakt mit anderen Menschen erleben wir Schwierigkeiten. Menschen gehen nicht immer gut mit Menschen um. Wir werden verletzt, unsere Seele wird verletzt. Aber auch durch falsche Entscheidungen, die Menschen selber treffen, entstehen Probleme. Man tut etwas, was nicht gut für einen oder für jemand anderen ist. Ich denke: Die allermeisten Probleme kommen aus dieser Quelle. Der Verursacher ist der Mensch selbst.

Faktor Nummer zwei sind die Umstände. Dinge, die von außen kommen, die man nicht beeinflussen kann. Wenn du krank wirst, kann dies sehr oft an den Umständen liegen. Du fährst in der Bahn, steckst dich bei jemandem an und bekommst eine Grippe. Oder es hat etwas mit dem Wetter zu tun, das man sich ja vorher auch nicht aussuchen kann. Politische Umstände, in denen wir leben, Dinge, die in der Gesellschaft passieren, gehören auch hierher. Das sind die äußeren Umstände, von denen ich gesprochen habe.

Faktor Nummer drei führt auf die dunkle Seite des Lebens, den Satan. Wie, du glaubst nicht, dass es den gibt? In der Bibel kommt er überall vor. Und viele Christen haben es erlebt: Satan gibt es wirklich. Die Bibel nennt ihn auch den »Vater der Lüge«. Für jemanden, der nicht an Gott glaubt, klingt das jetzt nach Psychose. Aber die Erfahrung von vielen Christen, die Kirchengeschichte und das biblische Fundament lehren uns das. Satan hat eine Absicht. Er will Menschen zerstören. Er hat ein Interesse daran, uns zu Fall zu bringen und unsere vertrauensvolle Beziehung zu Gott zu torpedieren. Satan kann für große Probleme sorgen.

Faktor Nummer vier ist Gott selbst. Was, Gott sorgt für Probleme? Ja, das tut er. Er lässt Probleme zu, er will uns dadurch reifen lassen. Es gibt viele Beispiele in der Bibel, wo wir dies bestätigt finden.

Ich möchte auf die vier Faktoren etwas ausführlicher eingehen.

Faktor eins: der Mensch. Die meisten Schwierigkeiten, die wir in unserem Leben bekommen, werden tatsächlich durch andere Menschen oder durch uns selbst verursacht. Im letzten Jahr stellte eine Untersuchung fest, dass jeder dritte Deutsche psychisch erkrankt ist. Angststörungen, Depressionen und Suchterkrankungen machen dabei nahezu zwei Drittel aller Diagnosen aus. Psychische Probleme kommen nicht zufällig, sie sind auch nicht ansteckend wie ein Virus. Eine Umfrage unter Psychotherapeuten in Deutschland stellte fest, dass 95 Prozent aller psychischen Störungen durch Fehlverhalten anderer entstanden sind. Die christlichen Seelsorger vieler Kirchen diagnostizieren es folgendermaßen: Es sind Verletzungen unserer Seele, die unsere Probleme verursachen. Jemand hat in seiner Kindheit oder Jugend Schlimmes erlebt. Die Seele hat Schaden genommen. Solche Verletzungen heilen nicht von selbst, so wie eine Schürfwunde am Knie. Sie hinterlassen tiefe Narben, die unser Denken, Fühlen und Verhalten unbewusst beeinflussen. Oft werden die Ursachen im Laufe des Heranreifens verdrängt. Und erst im Erwachsenenalter zeigen sich dann die ersten Symptome. Der Gang zum Therapeuten wird notwendig. Und erst hier kommen die tieferen Ursachen zum Vorschein und können dann geheilt werden. In der Seelsorge weiß man seit langem, welch ein kraftvolles Werkzeug zur Lösung und Heilung der inneren Verletzungen das Mittel der Vergebung ist.

Es kann aber auch sein, dass eigenes Fehlverhalten die Probleme verursacht hat. Wir entscheiden, etwas Falsches zu tun, und leiden dann unter dieser falschen Entscheidung.

Und es gibt Fälle, in denen beides zusammenkommt. Zum Beispiel beim Drogenmissbrauch. Sehr oft haben Drogensüchtige eine schlechte Kindheit gehabt. Die Eltern lebten vor, wie man es nicht machen sollte. Ich traf einmal eine Frau, die schon mit der Babyflasche Schnaps bekam. Die Eltern wollten sie auf diese Weise ruhigstellen. Später griff sie zu Drogen, das Verhalten war erlernt. Trotzdem hat jeder die Möglichkeit, selbst zu entscheiden, welchen Weg er einschlagen will. Gott hat uns einen freien Willen gegeben, mit dem wir uns für oder gegen etwas entscheiden. Oft reden wir uns in so einer Situation heraus und geben anderen die Schuld. »Meine Mutter hat mich schlecht erzogen!« Oder: »Ich wurde dazu verführt.« Wer so spricht, wird sich nie verändern können. Es ist wichtig, in jeder Krise auch an den Punkt zu kommen: »Ich habe falsche Entscheidungen getroffen! Ich habe Mist gebaut! Vergib mir! Ich will es jetzt anders machen!«

Faktor zwei: äußere Umstände. Es gibt eine interessante Erzählung in der Apostelgeschichte der Bibel. Dort wird von einer Missionsreise berichtet, die Paulus auf einem Schiff unternimmt. Er erleidet Schiffbruch und kann seinen eigentlich geplanten Weg nicht fortsetzen (Apostelgeschichte 27,13–44). Hier wird nicht behauptet, dass andere Menschen ihn aufgehalten haben. Auch nicht Gott oder der Satan. Es waren schlichtweg ungünstige Umstände, die ein Problem verursachten. Jeder kennt das. Da passieren Dinge von außen, die man nicht beeinflussen kann. Vielleicht wirst du von einem Virus angesteckt und krank. Manchmal hat es wirklich nur mit dem Wetter zu tun. Manchmal aber auch mit politischen Umständen, Dingen, die in der Gesellschaft passieren. So etwas kann man nicht verändern oder beeinflussen. Solche Dinge bereiten Probleme. Die Frage ist nur, wie wir mit diesen Problemen umgehen wollen. Wir dürfen nicht vergessen, dass wir laut der Bibel in einer gefallenen Welt leben. Das bedeutet: Hier ist nicht das Paradies. Gott hat diese Welt in gewissem Maß sich selbst und ihren eigenen Gesetzen überlassen.

Faktor drei: Satan. Ich stelle immer wieder eines fest: Sicher gab es manch falsche Entscheidung in meinem Leben. Menschen haben mich verletzt oder schlecht beeinflusst. Auch die Umstände waren manchmal schuld an einem Problem. Und doch scheint oft ein dunkler Plan dahintergesteckt zu haben. Eine gemeine Strategie. Eine Attacke aus der Dunkelheit. Warum wurde mir ausgerechnet in dieser Situation, wo ich schwach war, diese eine Sache angeboten? Warum traf ich gerade in diesem Augenblick auf jene Frau oder jenen Mann? Warum wurde ich gerade jetzt krank? Die Bibel gibt darauf eine klare Antwort. Paulus schreibt im Epheserbrief im Kapitel 6, Vers 12: »Wir kämpfen nicht gegen Menschen aus Fleisch und Blut, sondern gegen Fürsten und Gewalten, gegen Beherrscher dieser finsteren Welt, gegen böse Geister …« Diese bösen Geister wissen oft, wie man uns aushebeln kann. Der Chef jener Fürsten ist der Herrscher der Finsternis, der Satan. Die Menschen in der Bibel hatten wegen dieser dunklen Macht eine Menge Probleme. Warum nicht auch wir? Ich weiß, dass viele aufgeklärte Christen sich jetzt die Haare raufen. »Was? Der glaubt noch an den Teufel?« Ja, das glaube ich tatsächlich. Ich glaube, dass es diese dunkle Macht gibt. Es steht so in der Bibel. Und ich habe es auch erlebt. Das ist kein Grund zur Panik, aber sollte trotzdem bedacht sein.

Faktor vier: Gott. Kann es auch Probleme geben, die Gott selbst verursacht hat? Ja klar, die gibt es. Wir lesen am Anfang des Matthäusevangeliums, dass Jesus in die Wüste geschickt wird. Diese Situation war voller Probleme für ihn, er hatte Hunger, er spürte, dass ihm Gott nicht nahe war, es ging ihm dort nicht gut. Interessanterweise steht dort aber nicht, dass Dämonen ihn in die Wüste getrieben haben. Matthäus schreibt: »Jesus wurde vom Heiligen Geist in die Wüste geführt.« (Matthäus 4,1) Ich will damit sagen, dass es Probleme gibt, hinter denen Gott steht. Er hat einen Plan damit. Auch im Alten Testament finden wir das immer wieder. Gott kann und will deine Krisen benutzen, um dich zu verändern. Manchmal lässt er auch Versuchungen zu, damit wir uns noch einmal bewusst für ihn und seinen Weg entscheiden. Dadurch wird unser Glaube gestärkt. Und Gott kann uns dort verändern, wo er uns wirklich verändern will: in unserem Herzen. Der »Ego-Film« ist spätestens in der Wüste abgelaufen. Man kann nur noch das eine beten: »Gott, hilf mir! Ich brauch dich jetzt!«

Dieser Vierklang der Ursachen unserer Probleme bestimmt alles. Mir haben diese Gedanken geholfen, Negatives, das in meinem Leben passiert, richtig einzuordnen und entsprechend darauf zu reagieren.

Wenn du herausgefunden hast, woher dein Problem kommt, kannst du auch viel besser damit umgehen. Wenn du merkst, dass dein Problem vom Umgang mit Menschen herrührt, wäre es vielleicht eine Überlegung wert, sich von gewissen Bekannten und Freunden zu trennen. Ein Freund von mir wurde ständig alkoholrückfällig. Denn immer, wenn er mit seinen alten Freunden zusammen saß, stand Alkohol auf dem Tisch. Er musste seinen Freundeskreis wechseln, sogar den Stadtteil. Heute ist er seit vielen Jahren trocken. Stellst du fest, dass du selbst eigentlich der Auslöser bist, dann arbeite an dir und schieb nicht Gott oder den Umständen die Schuld in die Schuhe. Kommst du aber zu dem Ergebnis, dass es tatsächlich nur die äußeren Umstände sind, dann solltest du entsprechende Entscheidungen treffen. Du könntest dir einen anderen Job suchen, eine andere Wohnung oder eine andere Stadt. Entdeckst du aber nach ehrlicher Prüfung, dass die Ursache für deine Probleme eine Anfechtung von Satan ist, dann geh dagegen an. Alles, was du an äußeren Veränderungen vornimmst, macht dann wenig Sinn. Du solltest dir klarmachen, dass du gerade von der Finsternis attackiert wirst.

Es wäre eine gute Idee, dir jeden Tag das sechste Kapitel im Epheserbrief durchzulesen und das zu leben, was dort steht. Was aber, wenn du bemerkst: Es ist Gott, der dein Problem verursacht? Dann frage ihn: Was soll ich lernen? Was willst du mir damit sagen? Wo soll ich mich verändern? Hör auf, dich dagegen zu wehren, sondern nimm diese Lektion Gottes an. Es könnte zur wichtigsten Lektion deines Lebens werden.

Kurzgefasst:

Es gibt unterschiedliche Quellen,
woher deine Probleme kommen können.
Finde heraus, was die Ursache ist, und gehe
damit unterschiedlich um.

Bibelstellen:

Matthäus 4,1; Apostelgeschichte 27,13–44;
Epheser 6,12

Gebet:

»Jesus. Ich hab verstanden, dass ich auch
als Christ Probleme haben kann.
Bitte zeig mir, woher sie kommen.
Ich möchte von dir geführt werden.
Hilf mir, meine Probleme zu lösen.«

21:00 Uhr

Facebook – eine Versuchung?

Endlich ist es Abend geworden, und wir haben etwas Zeit. Eigentlich die optimale Zeit, um mal wieder zu beten. Oder? Immer wieder höre ich von Christen, dass ihnen die geistliche Routine im Alltag unendlich schwerfällt. Und ich kenne die Situationen ja auch. Entweder hat man keine Lust oder keine Zeit. Oder beides. Hat man doch Zeit, ist man zu abgelenkt, und andere Dinge sind plötzlich wichtiger.

Ich komme nach Hause, gehe in die Küche und hätte jetzt eigentlich Zeit. Beim Teetrinken kommt mir dann plötzlich der Gedanke: »Ich könnte ja schnell noch mal ins Internet gehen.« Das führt dann dazu, dass ich doch wieder stundenlang vor dem Bildschirm hocke, weil – »Ping« – gerade wieder ein Dutzend ach so wichtige Mails reingekommen sind. Inter»net« statt Inter»gott«. Die Neugier siegt über den Geist. Ganz schnell lande ich bei Facebook, lese zwanzig mehr oder weniger interessante Posts, kommentiere viermal selbst, like fünf Beiträge und schaue mir schließlich noch ein Video über Katzenbabys in einer Badewanne an. Wie süß.

Das ganze kostet gut und gerne zwei Stunden. Manchmal auch mehr. Und das Vorhaben, mit Gott zu reden, ist auf einmal dahin.

Manchmal fange ich auch an zu beten, und mitten im Gespräch mit Gott kommt mir der Gedanke: »Das wäre doch ein guter Post! Den muss ich unbedingt gleich bei Facebook einstellen!« In den nächsten Minuten bin ich nur noch damit beschäftigt, in meinem Kopf gute Formulierungen zu finden. Am Ende der Stunde habe ich getextet und kaum gebetet.

Dabei ist Facebook eine wirklich tolle Plattform. Sie ermöglicht uns, mit vielen Menschen gleichzeitig Kontakt zu halten. Nur dank Facebook bin ich in der Lage, mit 5000 Freunden auf einmal zu kommunizieren. Aber es frisst eben auch unglaublich viel Zeit.

Mal ehrlich: Kann Facebook mit dem Beten konkurrieren? Beten ist nämlich das krasseste Abenteuer, das man erleben kann. Dieser Satz mag für manche erstaunlich oder übertrieben klingen, für andere ausgelutscht oder platt. Doch so war es zumindest bei mir. Im Rückblick kann ich sagen: Alles, was gut war, was nach Wundern und Abenteuer in meinem Leben riecht, hatte seinen Anfang in einem Gebet.

Warum ist das so? Wenn jemand betet, ist er mit seinen menschlichen Mitteln oft am Ende. Nichts geht mehr. Er braucht Hilfe. Er weiß, dass jetzt nur noch eine übernatürliche Macht helfen kann. Und wenn dann genau das plötzlich eintritt, wofür man gebetet hat, dann haut es einen um!

Es gibt wenige Dinge, die meinen Glauben so befeuert haben, wie eine Gebetserhörung. Die heftigsten sind dabei natürlich die, bei denen jede Naturwissenschaft versagt hat. Zum Beispiel bei einem Gebet um Krankenheilung, wo die Ärzte bereits mit ihrem Latein am Ende waren. Dann hat jemand gebetet, und der Kranke ist gesund geworden, wie durch ein Wunder! So etwas ist immer sehr aufregend und aufbauend. Ich kannte einmal ein Mädchen in der Gemeinde, die von Nasenspray abhängig war. Das sorgt dafür, dass die Nasen-Schleimhäute abschwellen. Ohne dieses Spray konnte sie nicht mehr leben, ihre Nase war chronisch zu. In einer Veranstaltung habe ich mit mehr oder weniger großem Glauben für sie um Heilung gebetet. Und tatsächlich ist es passiert: Von diesem Tag an musste sie das Nasenspray nie mehr nehmen! So etwas kommt auch bei mir nicht alle Tage vor, aber es war eine schöne Sache. Wenn wir beten, reden wir eben mit einer Macht, der nichts unmöglich ist.

In der Kirche, aber natürlich auch in dem Rest der Welt, trifft man auf die unterschiedlichsten Vorstellungen, was Gebet eigentlich ist. Neulich traf ich einen Mann, der mir erzählte, sein Gebet bestünde aus dem täglichen Pfeifen einer Bachkantate. Natürlich in f-Moll. Ein anderer berichtete mir einmal, er hätte eine spezielle Form der »Gebets-Spaziergehtechnik« entwickelt. So eine Art Nordic Walking mit dem Herrn. Jedes Mal, wenn sein Fuß den Boden berührt, wäre das für ihn wie ein Gebet, ganz automatisch. Und da kämen schon einige Gebete pro Kilometer zusammen.

Das dickste Buch in der Bibel sind die hundertfünfzig Psalmen. Sie bestehen fast nur aus Gebeten. Theologen gehen davon aus, dass sie fast alle von König David, einem damals sehr mächtigen Mann, geschrieben wurden. Ging es König David gut, schrieb er ein Dankgebet, einen Dankpsalm. Doch wenn es ihm schlechtging, schrieb er Gebete, in denen er sich vor Gott richtiggehend ausgekotzt hat. In Psalm 6,7–8 betet er zum Beispiel schon fast depressiv: »Ich bin so müde vom Heulen; ich weine die ganze Nacht, und mein Bett ist schon ganz nass. Ich gehe gebückt vor Kummer und bin vor lauter Trauer alt geworden; denn ich habe große Angst.«

Das bedeutet, wir finden in der Bibel verschiedene Formen des Gebets. Neben dem Dankgebet und dem Klagegebet gibt es noch mindestens fünf weitere Gebetsformen. Lobpreis sowie Anbetung wären als erste zu nennen. Dann noch das Bittgebet, oder auch die Fürbitte, sowie das gebietende Gebet und das liturgische Gebet. Ich möchte diese Gebetsformen hier kurz vorstellen.

Beim Dankgebet geht es um konkrete Dinge, für die man Gott dankt. Zum Beispiel das Wetter oder den leckeren Schokoriegel. Es gibt aber noch eine Steigerung des Dankgebets, und das ist der Lobpreis. Dabei geht es über das Konkrete hinaus, was er getan hat. Man beginnt, Gott für sein Wesen, für seine Art zu danken. »Herr, du bist gut!«, singen wir in den Gemeinden, und das ist ein klassisches Lobpreisgebet. Der Lobpreis hat in den letzten zehn Jahren einen wahren Siegeszug in der kirchlichen Welt angetreten. Dort gibt es einen regelrechten Boom mit sehr viel Potenzial in alle Richtungen. Jugendgottesdienste ohne Lobpreis sind heute undenkbar. Es gibt Lobpreiskonzerte, Lobpreisproduktionen, Lobpreiskaffeebecher, Lobpreistheologien, Lobpreisseminare usw. Auch auf Kirchentagen und Katholikentagen gibt es immer mehr Veranstaltungen, bei denen Lobpreismusik eine entscheidende Rolle spielt.

Die vielleicht höchste Form des Dankgebetes ist aber die Anbetung. In der Anbetung fallen nicht mehr viele Worte, und es wird auch kaum noch gesungen. Das Buch der Offenbarung des Johannes beschreibt an einigen Stellen, wie Gott im Himmel angebetet wird. In der Anbetung kann man nur auf den Knien vor Gott sein oder flach auf dem Boden liegen. Dann bestaunt man seine gigantische Größe, seine Allmacht. »Herr, du bist heilig«, wäre ein Gebet, das in der Anbetung noch von den Lippen kommen könnte. Oder: »Herr, du bist das Heftigste und Geilste, was es in diesem Universum gibt!« Während man Dank und Lobpreis heute in den Gemeinden häufig erlebt, gibt es die Anbetung kaum noch. Die Anbetung muss von Gott geschenkt werden, man kann sie nicht planen. Doch wenn es passiert, ist es ein unvergessliches Ereignis. Einmal habe ich in einer großen Kirche mit 400 Menschen eine solche

Anbetungszeit erlebt. Am Ende lag die Hälfte der Gottes-dienstbesucher flach auf dem Boden, einige knieten nur, mit erhobenen Händen zum Himmel. Gott war spürbar anwesend, wie eine dicke lichtdurchflutete Wolke, mitten im Raum. Mir war in diesem Augenblick so, als müssten kaum noch Worte gesprochen werden. Gott war da, er war uns nahegekommen, und nur das zählte.

Das Bittgebet ist wohl die geläufigste Form des Gebets. Würde man heute im Supermarkt mit der Kamera ein Spontaninterview zum Thema durchführen, ich vermute, 95 Prozent der Befragten würden Folgendes antworten: »Beten ist bitten!« Und tatsächlich stammt auch das deut-sche Wort »Gebet« von »bitten« ab. Hier unterscheidet man aber noch einmal zwischen dem eigenen Bittgebet und der Fürbitte, bei der das Gebet immer jemand ande-rem gilt. Man betet für einen Freund, den Partner, die Kin-der, die Eltern oder für Justin Bieber. Viele Menschen be-ten aber auch nur für sich selbst, sie sprechen Bittgebete für ihre eigenen Anliegen und Probleme. Und das ist auch gut so.

Mose ist der erste Mensch, dessen Gebete wir in der Bibel lesen können. Dort gibt es mehrere Erzählungen, in denen er mit Gott in einem Zelt sitzt und redet. Was ich daran erstaunlich finde: Mose redet dort mit Gott wie mit einem Freund! So steht es im 2. Buch Mose, Kapitel 33, Vers 11: »Der Herr sprach mit Mose von Angesicht zu Angesicht, so wie ein Mann mit seinem Freund spricht.« Aber auch im Neuen Testament bei Johannes bezeichnet Jesus seine Leute als seine Freunde. Dort sagt er: »Man kann seine Liebe nicht besser unter Beweis stellen, als wenn man sein Leben für seine Freunde aufgibt. Ihr seid meine Freunde, wenn ihr das tut, was ich euch gesagt habe.« (Johan-nes 15,13–14)

Wenn ich mich in den Kirchen umhöre, habe ich manch-mal das Gefühl, man redet dort nicht mit Gott wie mit einem Freund. Es klingt vielmehr so, als redete man mit einem Feuilleton-Journalisten. Die Gebete werden in wohlgeformten Sätzen, wie in einem literarischen Text, vorgetragen. Da sitzt jeder Punkt und jedes Komma. Woher kommt das? Liegt es vielleicht daran, dass sich Christen gar nicht vorstellen können, dass Gott ein Freund ist? Und: dass er ihre Gebete auch wirklich hört und erhört? Gott scheint vielen Christen weit entfernt zu sein. So weit entfernt, dass er uns nicht wirklich wahrnehmen kann. So reden wir beim Beten eher mit uns selbst oder mit unseren Nachbarn als mit Gott.

Dabei können wir mit Gott genauso reden, wie mit einem Freund auf Facebook. Vielleicht mit dem kleinen Unterschied, dass Gott keine Seite auf Facebook hat. Oder besser gesagt: Die Facebookseite von Gott ist ein Fake, es ist meine!

Gott braucht keine besonders heilige Sprache, und er braucht auch keinen besonders heiligen Ort, um uns nahezukommen. Wenn du nicht vor deinem Computer mit Jesus normal reden kannst, dann wird es dir in der Kirche auch nicht leichter fallen. Glaubst du nicht auch, dass Jesus heute das Internet nutzen würde, um mit den Menschen zu reden? Damals stieg er auf einen Berg, damit ihm Tausende Menschen zuhören konnten. Heute würde seine Facebookseite die meisten »Likes« haben, und er hätte den am besten besuchten YouTube-Kanal der Welt.

Beten ist gut. Es ist richtig, zu beten. Es hilft uns, und es kann Wunder bewirken. Doch so, wie wir uns auch von anderen wichtigen Dingen immer wieder durch Nebensächlichkeiten ablenken lassen, ist es auch mit dem Gebet. Mir selbst hilft eine Mischung aus Lockerheit und Disziplin, um der permanenten Verlockung von Facebook und Co. zu widerstehen.

Was die Lockerheit beim Beten angeht, braucht man dafür auch ein gewisses Maß an Kreativität. Ich lasse mich nicht auf einen Ort festlegen, an dem ich beten kann. Eine Kirche ist gut, aber ein Klo ist oft besser. In meiner Schulzeit hatte ich wundervolle Gebetszeiten auf dem Schulklo. Der Wasserkasten wurde zu meinem Altar und der Klodeckel zu meiner Gebetsbank. Viele Probleme in dieser Zeit konnte ich nur bewältigen, weil ich mich immer wieder auf diesen »heiligen Ort« zurückziehen konnte. Beten heißt manchmal eben auch Unverdauliches ausscheiden …

Bin ich in der Innenstadt und habe plötzlich das Bedürfnis zu beten, gibt es oft kein Klo in der Nähe, geschweige denn eine Kirche. Dann hole ich mein Handy raus und telefoniere mit dem Allmächtigen. »Hallo Jesus, wie geht es dir?« Früher hab ich das immer ohne Telefon gemacht. Aber auf Dauer wäre ich so wohl früher oder später in der geschlossenen Psychiatrie gelandet. »Mit wem redet der denn? Mit einem Geist? Seinem Freund Harvey? Mit sich selbst?«, würden die Leute denken. Also hole ich mein Handy raus und bete. Das fällt niemandem auf, Gott ist das wahrscheinlich egal, und Gebühren fallen auch nicht an. Ich kann aber auch mit Gott spazieren gehen und im Wald mit ihm reden. Oder ich kann Bilder malen, in denen ich meine Liebe für ihn ausdrücke. Viele Musiker schreiben Lieder als Gebete zu Gott. Der Kreativität sind hier keine Grenzen gesetzt.

Zu viel Disziplin beim Beten ist auch nicht gut. Dann geht nämlich der Spaß am Beten verloren. Es kann nicht ums »Müssen« und »Sollen« gehen. Wenn wir beten, reden wir mit der berühmtesten Person im Universum, mit Gott! Das sollte aufregend und spannend genug sein, keine Pflichtaufgabe. Ich kannte einen Jungen, der im Urlaub zufällig Lukas Podolski getroffen hat. Mann, war der aufgeregt. Aber wie muss das erst sein, wenn man Gott trifft? Der hat Lukas Podolski letztendlich erschaffen.

Eine gewisse Regelmäßigkeit ist sicher gut. Wir müssen uns vornehmen zu beten, uns dafür entscheiden. So wie wir uns entscheiden, regelmäßig einkaufen zu gehen, morgens zu duschen oder uns die Nasenhaare zu rasieren. Genauso sollten wir es auch mit dem regelmäßigen Gebet halten.

Das berühmteste Gebet der Christen ist das »Vaterunser«. Jesus hat es uns beigebracht. Ich finde es aber interessant, was in den Versen vorher steht. Dort fragen ihn seine Schüler: »Herr, lehre uns beten!« Vielleicht sollten wir Jesus diese Frage auch einmal stellen?

Ich selbst mache es immer so: Als Erstes schalte ich das Telefon und das Handy aus. Dann schließe ich die Facebookseite und fahre den PC herunter. Schließlich schaue ich auf die Uhr in der Küche und sage zu Gott: »Also Jesus, ich nehme mir jetzt die nächste dreiviertel Stunde, um mit dir zu reden!« An der dreiviertel Stunde ist nichts Heiliges. Es könnten auch eine Stunde oder nur zehn Minuten sein. Dann frage ich: »Worum soll es heute gehen, Gott?« Jetzt nehme ich mir einen Zettel und schreibe meine Gedanken auf. Dort steht dann zum Beispiel: »Danke für den Job, die Familie, die Gesundheit. Bete in der Fürbitte für: die Mutter, die Familie, deine Buchprojekte, die Gemeinde usw.« Nachdem dies alles auf meinem Zettel gelandet ist, fange ich an zu beten. Zuerst danke ich Gott. Es gibt doch immer etwas, wofür man danken kann. Das hilft auch, dankbar zu bleiben und es nicht als selbstverständlich zu betrachten, wenn es einem gutgeht. Ich finde es auch frech, wenn man Gott immer nur um Dinge bittet. Was ist das für eine Beziehung, bei der man nur Anfragen hat und nie dankbar sein kann? Als wäre Gott ein himmlisches Versandbestellhaus. Gottazon.de. Anschließend fange ich damit an, die Dinge auf dem Zettel Schritt für Schritt durchzubeten. So vergeht immer gut eine Stunde.

Es gelingt mir nicht immer, an Facebook vorbei zu beten. Manchmal erliege ich der Versuchung und verbringe mehr Zeit mit PC als mit PX. Aber oft gelingt es mir auch, mein Vorhaben umzusetzen, und nach einer Stunde mit Gott setze ich mich dann gemütlich an den Computer und gehe ins Internet.

Facebook ist sehr aufregend. Ich habe schon viele Sachen dort erlebt, die ich genial und spannend finde. Aber vom Beten sollte es uns nicht abhalten können. Denn die größten Abenteuer sind nicht bei Facebook zu entdecken. Beten tut gut. Beten macht Spaß. Und es gibt nichts Aufregenderes, als zu erleben, wenn Gott ein Gebet erhört hat.

Kurzgefasst:

Facebook ist gut, aber Beten ist aufregender.
Und: Man kann mit Gott genauso reden
wie auf Facebook.

Bibelstelle:

Psalm 6,7–8; Johannes 15,13–14.

Gebet:

»Lehre mich beten, Jesus!
Ich möchte mich auf dieses
Abenteuer einlassen!«

Wahre Freiheit

Früher war dies die optimale Zeit für Partys. Ich fuhr dazu mit Freunden in die nächste Disco. Sie lag drei Kilometer von meinem Zuhause entfernt und hieß »Zitrone«. Die »Dröhne«, wie wir den Laden auch scherzhaft nannten, war bekannt für die Musik von morgen. Einige der dortigen DJ's hatten bereits in den großen Metropolen New York, Amsterdam oder Sidney aufgelegt. Was hier heute lief, wurde oft erst morgen in den großen Discos im Lande gespielt. Als ich zum Glauben kam, war es mit dem Partyleben schlagartig vorbei. Zumindest fürs Erste.

Später gab es dann noch eine weitere »Partyphase«. Ich ging vor allem auf der Reeperbahn in die Klubs und Diskotheken, um dort am Wochenende unter Menschen zu sein. Es war eine krisenhafte Zeit, in der vieles in meinem Leben im Umbruch und Wandel war. Auch mein Glaube machte eine Veränderung durch, vieles wurde hinterfragt und in Zweifel gestellt. Was mir in beiden Phasen aufgefallen ist: Ohne wenigstens ein paar Bier wurde ich selbst in dem heißesten Laden nicht so richtig warm. Meistens brauchte ich sogar noch »Gras« und andere Stoffe, um einigermaßen »Spaß« zu haben. Und nicht nur mir ging es so. Ein Phänomen, das viele Menschen kennen.

Ich will jetzt hier nicht moralisch werden. Doch warum nicht um diese Uhrzeit einmal über Alkohol, Drogen und Sucht nachdenken? Fakt ist, dass Alkohol in unserer Gesellschaft mittlerweile zu einem richtig großen Problem unter Jugendlichen geworden ist. Im aktuellen Suchtbericht der Bundesregierung wurde diesem Thema ein ganzes Kapitel gewidmet. Das ist außergewöhnlich, so etwas gab es noch nie. Auch wenn das sogenannte Komasaufen in der Altersgruppe abgenommen hat: Immer wieder melden die Krankhäuser eine große Zahl von Jugendlichen, die mit einer Alkoholvergiftung eingeliefert wurden. Einige starben sogar daran.

Laut einer neuen Studie hat im letzten Jahr jeder Bundesbürger im Durchschnitt 140 Liter alkoholische Getränke zu sich genommen. Gezählt wurden dabei nur »weiche« Alkoholika wie Bier, Wein und Sekt. Ich wiederhole: 140 Liter! Die Folgen sind dramatisch: Über 16 000 Menschen sterben in Deutschland jedes Jahr mittelbar oder unmittelbar durch Alkoholmissbrauch. Auch aus wirtschaftlichen Gesichtspunkten ist dieser Stoff mittlerweile eine große Sache geworden. Allein durch alkoholbedingte Fehlzeiten und Frühverrentungen entsteht der deutschen Wirtschaft ein jährlicher Schaden von ca. 30 Milliarden Euro. Ein ganz schön teurer Tropfen.

Bei einer Einweisung ins Krankenhaus lautet bei Männern die häufigste Diagnose »Psychische und Verhaltensstörung durch Alkohol«. So eine aktuelle Statistik. Alkoholiker sterben im Durchschnitt 20 Jahre früher als Menschen mit einem normalen Alkoholkonsum. So haben aufgrund von Alkoholmissbrauch wenigstens die Beerdigungsinstitute genug zu tun.

Interessant ist, dass Alkohol schon am Anfang der Bibel eine wichtige Rolle spielt. Zum Beispiel bei Noah. Im 1. Buch Mose (Kapitel 9, 20–21) lesen wir eine interessante Geschichte. Noah hatte gerade eben die Sintflut überlebt. Die Geschichte mit der Arche ist hoffentlich hinreichend bekannt. Aber was tut er, nachdem das Schiff gelandet ist? Er gönnte sich einen Vollrausch!

Es wurde ein Vollrausch mit Folgen. Noah hatte sich im breiten Zustand die Kleidung ausgezogen. Nachdem er eingeschlafen war, lag er splitternackt in seinem Zelt. So fand ihn zufällig sein Sohn Ham. Sehr peinlich. Das wurde allerdings nicht für Noah, sondern für Ham zu einem Problem. Weil er den Schniedel von seinem Vater gesehen hatte, wurde er von ihm verflucht. In diesem Fluch sprach Noah über Ham und seine Nachfahren etwas sehr Schlimmes aus. Ab diesem Zeitpunkt sollten sie den anderen Völkern dienen. Was echt verrückt ist: Mit dieser Bibelstelle wurde über Jahrhunderte hinweg die Sklavenhaltung biblisch gerechtfertigt. Man ging davon aus, dass Ham eine dunkle Hautfarbe hatte. Das sind also wirklich bitterböse Konsequenzen. Auch das eine Folge des Alkohols …

Was vielleicht überrascht: Alkohol wird in der Bibel nicht grundsätzlich als etwas Schlechtes benannt. Man kennt die berühmte Geschichte aus Johannes 2,1–11. Hier verwandelt Jesus auf einer großen jüdischen Hochzeitsparty 200 Liter Wasser in 200 Liter Wein. Und das zu einem Zeitpunkt, an dem, so erzählt es uns die Bibel, die meisten Gäste bereits stark alkoholisiert waren! Man muss davon ausgehen, dass der Gottessohn nicht grundsätzlich etwas gegen den Genuss von Alkohol hatte. Auch nicht in großen Mengen.

Das Problem beim Thema Sucht und Alkohol ist, dass wir den Stoff zu jeder Zeit und überall kaufen können. Bei illegalen Drogen musst du schon jemanden kennen, der dir das Zeug vertickt. Aber dein Bier kriegst du überall. Am Kiosk, im Supermarkt und nachts um zehn auch noch an der Tanke. Für einen Alkoholsüchtigen ein echtes Problem.

Die Frage ist: Wie kommt man von dem Zeug bloß wieder los? Auch hier sind sich die meisten Suchtforscher einig. Die Kraft für einen Schritt aus der Sucht holt sich der Süchtige aus dem Leidensdruck, den seine Sucht erzeugt.

Bei den Anonymen Alkoholikern nennt man diesen Punkt »The Moment of Clarity«. Plötzlich erkennt der Süchtige, dass die Folgen seines Alkoholkonsums auf eine Endstation zulaufen: den Tod. Und auf dem Weg dorthin wird alles zerstört, was einem noch wichtig ist: der Beruf, die Ehe, die Beziehungen zu Freunden, der Körper. Diesen Moment gilt es abzuwarten, denn vorher wird sich der Süchtige immer herauszureden wissen. »Es ist doch nur einmal in der Woche!« Oder: »Ich habe alles im Griff!« Oder: »Ich kann jederzeit aufhören, wenn ich will!«

Ab wann spricht man denn eigentlich von Sucht? Ab wann muss ein Mensch als »süchtig« eingestuft werden? Hier gibt es ganz unterschiedliche Definitionen. Eine besagt, dass man immer dann von einer Sucht sprechen kann, wenn jemand durch einen Stoff gezielt auf sein seelisches Erleben Einfluss nimmt.

Das bedeutet: Jeder, der trinkt, kifft oder andere Sachen zu sich nimmt, um seine Gefühle damit zu beeinflussen, gilt als süchtig. So definiert es die Suchthotline aus München, eine der wenigen 24-stündig besetzten telefonischen Beratungsstellen in Deutschland. Ich finde diese Definition gut, denn sie setzt weit vor einer körperlichen Abhängigkeit an. Wenn sich der Körper erst beim Stoffentzug meldet, ist die Suchterkrankung schon in einem fortgeschrittenen Stadium angekommen.

1968 gab es ein Urteil des Bundessozialgerichts. Seitdem ist Sucht offiziell als Krankheit anerkannt. Damit hat jeder Süchtige einen Anspruch auf Behandlung und Therapie, die von der Krankenkasse oder der Bundesversicherungsanstalt für Angestellte bezahlt werden muss.

Fragst du dich nun, ob du vielleicht auch süchtig bist? Oder geht es um einen Freund oder Bekannten? Was könntest du tun? Der erste Weg wäre für mich immer der zu einer Beratungsstelle. Du solltest für dich feststellen, wie groß die Abhängigkeit von dem Suchtstoff ist. Entsprechend solltest du auch unterschiedliche Wege aus der Sucht einschlagen.

In diesen Beratungsstellen sollte eine Entscheidung getroffen werden, wie lange die Therapie dauern soll und welches Konzept dafür gewählt wird. Menschen, die schwerstabhängig sind, brauchen auch mehr Zeit, um neue Verhaltensmuster zu erlernen. Wer viele Jahre täglich große Mengen an Alkohol trinkt, wird es kaum schaffen, dieses Verhalten in wenigen Wochen umzuprogrammieren. Es gibt Suchttherapien mit einem Langzeitkonzept, die bis zu zwei Jahre dauern.

Diese Therapiezeiten können sich weiter staffeln, über ein Jahr, zehn Monate, sechs Monate oder nur vier Wochen.

Bei Menschen, deren Suchterkrankung noch nicht so stark ausgeprägt ist, muss nicht gleich eine mehrjährige stationäre Therapie angesetzt werden. Man kann bestimmte Formen auch ambulant behandeln. Der Patient bleibt zu Hause wohnen und besucht nur tagsüber die Therapieeinrichtung. Falls man körperlich abhängig ist, wäre der erste Schritt, eine Entzugsklinik aufzusuchen.

Generell wartet man heute, je nach Suchtstoff, bis zu drei Monate auf einen freien Therapieplatz. Leider.

Aufgrund der schlechten Finanzlage der meisten Kassen versucht man Suchterkrankungen heute ambulant zu behandeln.

Sehr erfolgreich sind auch die unterschiedlichen Selbsthilfegruppen. Die Stärke in einer Selbsthilfegruppe liegt vor allem darin, dass hier »Fachleute« zusammensitzen. Wer selbst mit einer Sucht gekämpft hat, weiß am besten, wie man sie bewältigt. Die Anonymen Alkoholiker habe ich bereits vorgestellt. Deren Konzept ist das mit Abstand erfolgreichste Programm gegen Suchterkrankungen auf der ganzen Welt. Was viele nicht wissen: Es hat ursprünglich christliche Wurzeln. Einer der beiden Gründer, er hieß Bill, war Teil eines geistlichen Aufbruchs, der Anfang des

19. Jahrhunderts in den Vereinigten Staaten stattgefunden hat. Bill hatte erkannt, dass der erste Schritt auf dem Weg, trocken zu werden, so eine Art Eingeständnis sein muss. In diesem Schritt gibt der Süchtige zu, dass er süchtig ist und sein Leben allein nicht mehr meistern kann. Ich habe das auch so erlebt. Immer wieder kamen die großen Ausreden und Versprechungen. »Ich habe alles im Griff!« – »Ich kann jederzeit aufhören!« Erst als ich mir eingestanden habe: »Nein, ich habe es nicht im Griff. Ich bin süchtig«, konnte sich etwas ändern. Daher ist das Eingeständnis der Sucht ein wichtiger Schritt. Wie oft denken wir, dass man es doch noch irgendwie allein schaffen kann. Daher ist der zweite Schritt genauso wichtig. Man muss zugeben: »Ich schaffe es nicht allein. Ich brauche Gott, um mir aus meiner Sucht zu helfen.« Für das Wort »Gott« hat man später die Worte »eine höhere Macht« eingesetzt. Damit wollten die Gründer von AA auch nichtgläubigen Menschen ermöglichen, clean und trocken zu werden. Doch der ursprüngliche Text sprach ganz eindeutig von Gott, dem Gott der Bibel.

In einem der nächsten Schritte wird man vom Programm aufgefordert, sein Leben in Ordnung zu bringen, wo das möglich ist. Dieser Schritt ist oft hart und braucht eine Menge Mut. Dort, wo man jemanden verletzt oder ihm geschadet hat, soll man hingehen und um Entschuldigung bitten. Nach dieser Phase der Aufarbeitung wird immer wieder betont, dass der Besuch der Gruppen existenziell wichtig ist. Denn nur dort wird einem immer wieder vor Augen geführt, dass die Sucht letztendlich in den Tod führt. Und sterben will ja eigentlich keiner.

Generell sagen Statistiken, dass Suchtkliniken mit christlichem Hintergrund erfolgreicher sind als solche ohne. Woran liegt das? C. G. Jung, ein berühmter Psychologe, war der Meinung, das läge an einer einfachen Formel. Er nannte sie »Spirit contra Spiritus«. Damit war gemeint, dass der Spirit, also der Geist Gottes, die beste Wirkung gegen den Spiritus, also den Geist des Weins, entfalten würde. Untersuchungen, nicht nur bei den Anonymen Alkoholikern, bestätigten seine Theorie. C. G. Jung hatte recht!

Ich habe mich oft gefragt, wie das sein muss, als Alkoholiker das Abendmahl zu empfangen. Mittlerweile hat man ja in vielen Gemeinden Traubensaft statt Wein eingeführt. Doch auch Traubensaft erinnert an Wein. Kann dann wirklich ein einziger Schluck zum Rückfall führen? Ja, er kann. Aber nicht bei jedem.

Es gibt eben keine einfachen Antworten, auch nicht bei diesem Thema. Jeder Mensch ist unterschiedlich. Und das trifft auch auf jede Suchterkrankung zu. Darum sollte mit jedem Suchtkranken individuell umgangen werden. Der eine braucht vielleicht nur eine Kurzzeittherapie über drei Monate. Dem nächsten ist mit einer ambulanten Selbsthilfegruppe geholfen. Wieder ein anderer muss unbedingt einen Ortswechsel vollziehen, um clean und trocken zu werden.

Was sagt denn Gott zum Thema Sucht? Wenn ein deutscher Schlagersänger von sich gibt: »Der Teufel hat den Schnaps gemacht, um uns zu verderben«, dann stimmt das einfach nicht. Gott hat alles geschaffen und damit auch den Schnaps bzw. den Alkohol.

Die Frage ist nur: Wie gehen wir damit um? Gesund, in einer kontrollierten Art und Weise? Oder unkontrolliert und krank machend? Wenn der Stoff uns im Griff hat, ist Alarm angesagt. Du solltest nicht zu lange zögern, etwas dagegen zu unternehmen. Am Ende der Sucht steht der Tod.

Aber was, wenn du nur zu bestimmten Gelegenheiten etwas konsumierst? Wenn du auch länger ohne den Stoff auskommst und jederzeit nein sagen kannst? Dann spricht nichts gegen ein Glas Wein oder ein kühles Blondes.

Ich meine wirklich, dass dies für alle Suchtstoffe gilt. Der Unterschied zwischen Marihuana und Schnaps ist nur gering. Beides wird vor allem nur deswegen genommen: um berauscht zu sein. Dass Schnaps den Magen aufräumt, ist ein Gerücht, Mediziner behaupten das Gegenteil.

Ich kenne zu viele Menschen, die sich gern etwas vorlügen. Das ist übrigens ein Grundmerkmal von Sucht: die Lüge. Wenn jemand behauptet, er könnte jederzeit aufhören, dann stimmt etwas nicht. Warum hört er dann nicht auf, wenn es so einfach wäre? Immer wenn etwas regelmäßig passiert, kann man von Sucht sprechen.

Jesus hat einmal gesagt: »Wen der Sohn frei macht, der ist wirklich frei!« (Johannes 8, 36) Das könnte gut als Motto im christlichen Suchttherapiebereich genutzt werden. Ich bin mir aber sicher: Er sprach hier nicht von diesen Süchten, die wir gerade behandelt haben. Es ging Jesus um die Freiheit von der Konsequenz unserer Sünden, die uns von Gott trennen.

Und doch glaube ich ganz fest, dass der Glaube an Gott jemandem helfen kann, von seiner Sucht frei zu werden, wahrscheinlich besser als alles andere. »Spirit contra Spiritus« wurde zu einem Leitspruch für viele therapeutische Einrichtungen in Deutschland, die mit dem Glauben an Gott rechnen wollen.

Je mehr du vom Geist Gottes erfüllt bist, desto weniger brauchst du den Suchtgeist zu bedienen. Der Geist Gottes kann übrigens ganz ähnliche Wirkungen haben wie der Weingeist. Dieser göttliche Geist macht auch frei von Hemmungen, wie der Alkohol. Aber du kannst diese Freiheit kontrollieren. Dieser göttliche Geist macht auch fröhlich, wie der Alkohol. Aber er macht es, ohne den Körper zu schädigen, auf eine natürliche Art. Und manchmal macht er auch ein bisschen high. Das glaubst du nicht?

Ich möchte an die berühmte Bibelstelle in der Apostelgeschichte erinnern. Die Jünger wurden mit dem Heiligen

Geist erfüllt, genauso wie Jesus es vorausgesagt hatte. Die Wirkung war kaum zu übersehen. Alle Anwohner kriegten es mit, und sie waren erstaunt. Denn es sah fast so aus, als hätten sich die Jünger Jesu bereits kollektiv zugedröhnt: »Ein paar Leute machten sich über sie lustig und sagten: Die sind doch alle völlig bekifft!« Luther hatte dort stehen: »Sie sind voll süßen Weines« – und der wirkt besonders dröhnend.

Doch Gottes Geist macht uns frei. Das ist der wesentliche Unterschied zu Alkohol und Drogen. Er macht uns frei von uns selbst. Und wer von sich selbst frei geworden ist, der kann auch Spaß haben ohne Stoffe im Körper. Als ich selber noch schlecht drauf war, musste ich dieses Zeug zu mir nehmen, um einigermaßen locker zu werden. Heute muss ich es nicht mehr. Durch den Glauben wurde ich Stück für Stück freier. Ich kann heute lachen, tanzen und für Gott abgehen. Ohne Chemie im Blut, einfach so. Gott will uns immer in die Freiheit führen. Im Galaterbrief, in Kapitel 5, Vers 1, schreibt Paulus voll Enthusiasmus: »Durch Jesus Christus sind wir frei geworden. Bleibt also standhaft, damit ihr diese Freiheit nicht wieder verliert!« Das ist die große Wahrheit: Jesu Ziel ist es, uns frei zu machen. Frei von allem, was uns fesselt und bindet. Damit war nicht nur die Sünde gemeint, sondern auch alles andere, was uns dazu treibt, Dinge zu tun, die wir eigentlich nicht tun wollen. Und genau das passiert bei einer Sucht ja ständig. Wenn du das Gefühl hast, dein Verhalten hat etwas Süchtiges, dann bitte Christus, dich von dieser Sucht zu befreien. Suche dir unbedingt Hilfe. Und je nachdem, wie stark deine Sucht ist, handele auch danach. Falls dich das Thema aber nicht betrifft, dann bete für deinen Bekannten, der bestimmte Dinge offensichtlich nicht im Griff hat. Bringe ihm Jesus nahe. Denn Jesus kann mit seinem Geist von Sucht befreien.

Kurzgefasst:

Sucht ist eine Krankheit.
Gottes Geist ist das beste Gegenmittel,
um diese Krankheit zu heilen.

Bibelstelle:

1 Mose 9,19–20; Johannes 8,36; Galater 5,1

Gebet:

»Gott, bitte hilf mir oder meinem Freund,
aus der Sucht herauszukommen!
Ich möchte frei sein,
so wie du Freiheit gemeint hast.«

Einsamkeit, Zweisamkeit, Dreisamkeit

Vielleicht sitzt du jetzt auf dem Sofa in deinem Zimmer. Der Tag ist zu Ende, die Arbeit liegt hinter dir. Der Feierabend wurde gefeiert, und jetzt kommt die Nacht. Diese stillen Momente sind oft die Zeiten, in denen wir Einsamkeit am meisten spüren.

Einsamkeit ist ein großes Thema in unserer Welt. Immer wieder höre ich das. Selbst in der Zweisamkeit fühlen sich Menschen einsam. Der Partner ist kein Partner, man kann nicht mit ihm reden, er stellt keine Fragen, er hört nicht zu.

Neulich traf ich auf einem evangelischen Kongress eine junge Frau. Nach einer Weile erzählte sie mir, dass sie sich in solchen großen Versammlungen besonders einsam fühlt. Ich musste nachfragen: »Wir sind hier unter fast zweitausend Christen. Überall junge Leute, die gern mit dir reden würden. Umarmungen, ein freundliches Lächeln, sogar ein Küsschen auf die Wange. Und trotzdem fühlst du dich einsam?« Ja, das tat sie. Ihr kullerten die Tränen runter, und die lügen ja bekanntlich nie. Gemeinsam einsam. Es war nicht das erste Mal, dass ich so etwas hörte.

Tatsächlich kann man in der westlichen Welt eine Tendenz zur Vereinsamung feststellen. Soziologen fanden letztes Jahr heraus, dass der Anteil der alleinstehenden Menschen rasant zunimmt. Eine Untersuchung des statistischen Bundesamts ergab, dass die Zahl der Menschen, die allein leben, in den letzten 20 Jahren um satte 40 Prozent gestiegen ist. Das hat natürlich Einfluss auf alle Bereiche unserer Gesellschaft. Sogar auf den Wohnungsbau. Immobilienmakler berichten, dass große Wohnungen schwerer zu vermitteln sind als Ein-Zimmer-Buden. Für dieses Segment gibt es einen riesigen Markt. Ein Makler in Berlin kann zurzeit jedes x-beliebige »Wohnklo« für teures Geld vermieten. Dort kommen auf jedes freie Zimmer zehn Bewerber.

Und noch etwas ist mir aufgefallen. Es ist heute leichter, einen Beruf zu finden als einen Partner fürs Leben. Eine der größten Branchen im Internet ist die der Kontakt- und Singlebörsen. Gleich nach den Sexseiten, und die haben ja auch etwas mit Einsamkeit zu tun. In Deutschland ist mittlerweile eine unüberschaubare Anzahl von Kontaktbörsen im Netz. Und alle paar Monate kommt eine neue hinzu. Eine Untersuchung des Bundesverbands Informationswirtschaft, Telekommunikation und neue Medien (kurz BITKOM) stellte fest, dass im letzten Jahr der Umsatz solcher Internetseiten europaweit bei 811 Millionen Euro lag. Fast eine Milliarde Euro gegen die Einsamkeit! Ich bin nicht gegen diese Internetseiten, ich bin dafür, sie zu nutzen! Doch dieser Boom sagt sehr viel über die Dringlichkeit dieses Themas aus. Oder?

Gott hatte diese Not der Menschen schon vom Beginn der Zeit an im Blick. Bereits im 1. Buch Mose sagt er: »Es ist nicht gut, dass der Mensch allein ist!« (1 Mose 2,18) Diese Aussage zieht sich durch die ganze Bibel. Im Buch Prediger, Kapitel 4, Vers 12 lesen wir die berühmte Stelle: »Ein Mensch allein kann überwältigt werden. Aber zwei können sich erfolgreich wehren. Drei wären noch besser. Denn es heißt: Ein Seil aus drei Schnüren reißt nicht.« Gott liebt diese Idee von der Partnerschaft. Es war seine! Warum kommen Menschen nur so schwer zueinander? In meinem Freundeskreis kenne ich Dutzende Männer und

Frauen, die auf der Suche nach einem Partner sind. Oft kann ich es nicht fassen, warum diese tollen Menschen noch nicht die Liebe ihres Lebens gefunden haben. Unendlich viele unserer Gespräche, aber auch Gebete drehen sich nur um dieses Thema.

Vor Jahren hatte ich einmal eine Idee. Ich wollte die Plattform Ebay nutzen, um den Menschen dort von Gott zu erzählen. Wenn Jesus sagt: »Gehet in alle Welt und verkündigt allen Völkern das Evangelium«, dann muss damit doch auch das Internet gemeint sein! Die Frage war nur: Was für ein geistliches Angebot wäre für Ebay geeignet? Die Antwort kam prompt: das Gebet! Warum nicht Gebete zur Versteigerung anbieten? Ich könnte dann im Angebotstext von Jesus schwärmen und deutlich machen: »Gott erhört auch heute noch Gebete! Ich hab es erlebt!« Gesagt, getan. Der Erlös sollte an eine Missionarin gespendet werden.

Drei Tage nachdem das Angebot online war, klingelte das Telefon. Am anderen Ende war die BILD-Zeitung. Man hatte gehört, ich würde Gebete versteigern; wie ich denn auf die Idee gekommen wäre? Gleich nachdem der (durch und durch positive) Artikel draußen war, stand schon RTL mit einer Kamera vor meiner Haustür. Der Bericht wurde zu einer der Top-Meldungen in den RTL-Nachrichten um 18.30 Uhr. Der Grund, warum ich das hier erzähle? Der Mensch, der die Versteigerung gewann, wollte, dass ich nur für eine Sache bete: Er war einsam und wünschte sich eine Partnerin! Wir haben uns oft getroffen, und es entwickelte sich eine Freundschaft zwischen uns. Übrigens: Gott hat das Gebet erhört. Letztes Jahr hat mein Freund geheiratet.

Ich kann nicht verstehen, wenn Leute in diesem Punkt ganz fromm daherkommen und sagen: »Gott hat einen Partner für mich! Ich vertraue ihm ganz!« Meint: »Ich brauche mich nicht um einen Partner zu bemühen, er kommt auf einer Wolke zu mir geflogen.« Und dann setzen sie sich auf ihr Sofa und warten. Und warten. Und warten.

Glauben ist ja schön und gut. Über wunderwirkenden Glauben haben wir ja auch schon ausführlich nachgedacht. Aber ich kenne keine Bibelstelle, die so ein Verhalten empfiehlt. Selbst im Alten Testament hat man sich aktiv auf die Suche nach einem Partner begeben. Auch wenn zu der Zeit besonders den Männern diese Aufgabe zugeteilt war. Heute ist das anders, zum Glück. Wenn Jesus in Markus 10, Vers 7 sagt: »Deshalb verlässt ein Mann seinen Vater und seine Mutter und wird mit seiner Frau zusammenleben, und sie werden ein Fleisch sein«, dann klingt das für mich nicht nach Fügung, sondern nach Formung. Ein Mann wird mit einer Frau zusammenziehen. Er wird dafür Vater und Mutter verlassen. Die beiden jungen Menschen werden ein Fleisch sein. Und dafür müssen sie auch etwas tun.

Sicher gibt es Menschen, die berufen sind, allein zu bleiben. Ich beziehe mich auf die berühmte Bibelstelle, wo Paulus im 1. Korintherbrief, Kapitel 7, Verse 7 und 8, schreibt: »Ich fände es sehr gut, wenn alle so leben könnten, wie ich es tue – ohne zu heiraten. Wir sind aber nicht alle gleich, und für einige ist es deshalb eine gute Sache, verheiratet zu sein, für andere besser, ohne Partner zu bleiben. Denen, die jetzt keinen Partner haben, und denen, deren Ehepartner gestorben ist, würde ich aber raten, Single zu bleiben.« Man muss bei dieser Stelle bedenken, dass Paulus mit der Erwartung gelebt hat, dass ein Leben auf der Erde bald nicht mehr möglich sein wird. Er hatte den festen Glauben, dass Jesus schon in naher Zeit wieder zurückkommen wird. Das hätte das Ende der Welt bedeutet, so wie wir sie heute kennen. Daher erschien es ihm nur logisch, besser in dieser letzten Zeit alle Kraft in Gottes Sache zu stecken, als zu heiraten. Ich kenne Menschen, die es für sich so entschieden haben. Sie wollen keinen Partner. Und sie sind glücklich damit. Generell gilt aber der 1. Vers aus dem 1. Buch Mose: »Es ist nicht gut, dass der Mensch allein ist.« Und das Ende der Welt scheint doch noch etwas auf sich warten zu lassen.

Falls du bereits einen Partner gefunden hast, dann freue dich darüber und sei Gott dankbar. Es vergeht für mich kaum ein Tag, an dem ich Jesus nicht für meine Frau danke. Selbst nach einem großen Streit versuche ich das zu tun. Dass ich einen Partner fürs Leben gefunden habe, macht mich unendlich froh. Es ist nicht selbstverständlich, sondern ein Geschenk. Und wenn ihr, du und dein Partner, gerade ständig Streit miteinander habt und die Frage einer Trennung im Raum steht? Ich denke, ihr solltet euch die Frage stellen: Was gibt es denn für Alternativen? Ohne Partner sein? Allein bleiben? Einsamkeit? Ich habe für mich festgestellt, dass ich nicht fürs Alleinsein geboren bin. Außerdem: Du kannst nicht mit Sicherheit davon ausgehen, dass es eine zweite Chance für dich gibt. Denn auch die ist ein Geschenk. Und mit einem neuen Partner hat man oft die gleichen Probleme wie mit dem alten. Man nimmt sich ja selber in die neue Beziehung mit hinein. Und doch habe ich bei mir und vielen anderen, die zerbrochene Partnerschaften erlebt haben, etwas festgestellt: Ich wurde durch schmerzhafte Trennungen verändert. Ich bin weicher und auch kompromissbereiter geworden.

Doch noch einmal zurück zum Thema Partnersuche: Nach meiner Beobachtung gibt es ein paar Dinge, die Suchende immer wieder falsch machen. Dies habe ich nach jahrelangem Erleben an Dutzenden meiner Freunde festgestellt. Ich möchte mir erlauben, diese Erfahrungen in vier Tipps weiterzugeben. Das Befolgen dieser Tipps ist natürlich keine Garantie, den Partner fürs Leben zu finden. Aber sie könnten die Suche definitiv erleichtern und grundsätzliche Fehler bei der Partnersuche vermeiden helfen.

1. Achte auf dein Äußeres. Für den einen mag das selbstverständlich sein, für den anderen aber nicht. Natürlich sind es die inneren Werte, die am Ende zählen. Aber was der zukünftige Partner zuerst sieht, ist dein Äußeres, dein Erscheinungsbild.

Dieser Punkt ist wirklich wichtig. In der Natur ist es ja auch so. Sucht das männliche Tier einen Partner, dann baut es sich vor der Auserwählten auf. Es zeigt sich von der schönsten Seite! Ob es der gefiederte Schmuck der Pfauen ist oder der blanke Hintern des Pavians. Ich kann nicht verstehen, wenn Menschen auf Partnersuche ihr Äußeres vernachlässigen. Immer wieder kommen Menschen zu mir und klagen ihr Leid: »Ich finde keinen Partner!« Manchmal möchte ich zurückfragen: »Schau doch mal in den Spiegel! Würdest du dich in so einen verlieben wollen? Wenn du auf der Suche nach einer Frau bist, wäre es nicht optimal, sie mit deinem ›Achselduft‹ bei der ersten Umarmung gleich zu betäuben?«

Rasieren ist heute eine Pflichtübung. Bei Männern und Frauen. Und ganz besonders wenn du einen Partner suchst. Rasieren ist also ein Muss – und das gilt nicht nur fürs Gesicht.

Es wird deine Attraktivität steigern, je mehr du dich um dein Äußeres bemühst. Es muss ja nicht immer die Armani-Jacke und das Versace-Hemd sein. Aber sich schick zu kleiden ist nichts Schlechtes und auch nichts Unchristliches. Ich finde eigentlich, dass sich gerade Christen um ihr Äußeres bemühen sollten. Wir sind Gottes Schöpfung, und die verdient die beste Pflege, die teuerste Schminke und die hübscheste Kleidung. Paulus vergleicht unseren Körper mit einem Tempel (1 Korinther 6,19). Und der Tempel der Juden war das schönste Gebäude im ganzen Orient. Er wurde von außen und innen geschmückt. Eigentlich müssten in den christlichen Gemeinden die schönsten Frauen und die attraktivsten Männer rumlaufen. Zumindest wenn wir dieses Paulus-Wort ernst nehmen würden.

2. Lerne zu flirten. Der erste Kontakt findet oft über die Augen statt. Wenn es dann zu einem Gespräch kommt, ist der zweite Schritt auch schon getan. Aber hier entscheidet sich alles Weitere. Überall gibt es Menschen, die nicht wirklich zuhören können. Sie erzählen in einem unaufhörlichen Wortschwall ihre Geschichten. Aber fragen und zuhören, das geht nicht. Wenn du nicht fragst, bist du auch nicht interessiert. Und Interesse ist die niedrigste Form der Liebe. Wenn du nur redest und nicht zuhören kannst, kommt bei deinem Gegenüber indirekt an: »Du bist mir eigentlich egal!« Es ist auch wichtig, Dinge zu behalten, die dein Partner gesagt hat. Zur Not musst du es dir aufschreiben. Bei einem zweiten Treffen sollten nicht die gleichen Fragen gestellt werden wie beim ersten. Wenn dir etwas an der anderen Person gefällt, zögere nicht, es ihr zu sagen. Für die Dinge, die dir nicht gefallen, gibt es noch Zeit genug. Besonders Männer brauchen das Lob und die Anerkennung. Frauen aber auch. Übrigens: Es gibt viele gute Bücher über das Flirten.

3. Generell kann ich nur jedem den folgenden Rat geben: Lasse nichts unversucht! Wenn du wirklich auf der Suche bist, dann nutze alle Optionen, die dir diese Welt bietet. Singlepartys, Anzeigenblätter, Kontakturlaube, Sportvereine: Es gibt unendlich viele Möglichkeiten. Ich habe in meinem engeren Kreis mehrere Freunde, die durch Kontaktbörsen im Internet einen Partner gefunden haben. Vielleicht sind diese Seiten tatsächlich die Zukunft. Früher gab es die Dorfkirmes oder das Musikfestival, wo man einen Partner gefunden hat. Heute sind es solche Webangebote. Das Gute an diesen Portalen ist, dass man bereits eine Vorauswahl treffen kann. Ist es für dich zum Beispiel

undenkbar, einen Partner zu haben, der nicht an Gott glaubt, kannst du das hier bereits festlegen. Oder hast du ein bestimmtes Hobby, auf welches du auch künftig nicht verzichten willst, dann kannst du es hier benennen.

4. Bete und vertraue auf Gott. Das gilt natürlich in allen Fragen des Lebens. Es wurde auch in diesem Buch ausführlich behandelt. Wenn wir um einen Partner beten, können wir die Dinge besser einordnen, die dann passieren. Hast du erst nach einem Gebet plötzlich Kontakt zu einer Frau oder einem Mann, könnte es ja sein, dass Gott dahintersteckt. Gebet schafft auch die nötige Gelassenheit, wenn man es richtig anstellt. Menschen, die zu sehr auf einen Partner fixiert sind, kommen oft verkrampft und unfrei rüber. Und wer verkrampft ist, wirkt wenig attraktiv. Die Partnersuche sollte nie zum Mittelpunkt des Lebens werden. Diese Position gehört immer Gott. Wenn sich alles um ihn dreht, werden auch so wichtige Dinge wie die Partnersuche zu einer gesunden Nebensache. Denn eins ist noch wichtig: Der beste Partner kann dir nicht das geben, was Gott dir gibt. Gott ist treu. Er hält zu dir. Er liebt dich so, wie du bist. Er kennt dich. Mit deinen Fehlern und Macken.
Wenn du sicher in Gott gegründet bist, kann dir der Glaube auch die Einsamkeit nehmen. Du kannst überall mit Jesus reden, er ist da und hört dir zu. Ihm können wir nichts vormachen, weil er uns in- und auswendig kennt.
Ja, die tiefste Partnerschaft deines Lebens kann nur die Partnerschaft zu Gott sein. Dort findest du Trost, Hilfe und Geborgenheit. Und aus dieser Position heraus kannst du dich auf die Suche nach einem geeigneten Partner machen. Ich wünsche dir von ganzem Herzen, dass du ihn findest.

Kurzgefasst:

Es ist Gottes Wille, dass wir einen Partner finden.
Vier Tipps, wie dir das gelingen kann.
Wenn du bereits einen hast,
sei Gott dankbar dafür.

Bibelstellen:

1 Mose 2,18; Prediger 4,12; 1 Korinther 7,7+8;
1 Korinther 6,19

Gebet:

»Gott, du hast gesagt, dass es nicht gut ist,
wenn ich allein bleibe.
Gib mir den Mut und die Weisheit,
einen Partner zu finden.
Danke, dass du der beste Freund bist,
den es auf der Welt gibt.«

Eine teuflische Zeit

Mitternacht – im Volksmund nennt man diese Zeit auch die »Geisterstunde«. Menschen glauben, dass jetzt die Hexen, Geister und sogar der Teufel höchstpersönlich mit ihrem finsteren Treiben beginnen.

Eine Umfrage des bekannten Meinungsforschungsinstituts FORSA ergab, dass jeder vierte Deutsche an die Existenz des Teufels glaubt. Das ist umso erstaunlicher, wenn man bedenkt, dass wir in einem angeblich aufgeklärten Land leben. Soziologen sind immer davon ausgegangen, dass der Glaube an übernatürliche Mächte in dem Maß aussterben wird, in dem die Aufklärung der Menschen voranschreitet. Aber der Teufel lebt weiter. Zumindest in den Köpfen der Menschen.

In der Bibel wird vergleichsweise früh von der Existenz des Satans berichtet. Gott erlaubt dem Teufel, seinen Knecht Hiob in Schwierigkeiten zu bringen. Und der Prophet Sacharja beschreibt den Satan als einen Ankläger vor Gottes Thron, der den Mann Gottes wie bei einer Gerichtsverhandlung verklagt und runtermachen will.

Ich muss gestehen, dass ich nie an diese dunkle Macht geglaubt hatte. Bis, ja bis ich mich eines Tages ganz auf diesen Jesus einlassen wollte. Plötzlich passierten da Dinge, die ich mir nicht mehr erklären konnte. Es war mir, als versuchte eine dunkle Macht alles daranzusetzen, dass ich nicht mit diesem Gott lebe. Auf einmal war die Hölle los.

Schlimme Alpträume, auffällige Versuchungen, seltsame Probleme stellten sich ein. Bis heute erlebe ich immer wieder Phasen in meinem Glauben, wo ich ganz plötzlich dem Widersacher Gottes begegne. Es sind Verlockungen, Dinge zu tun, die Gott nicht will. Taten, die mir schaden und auch anderen. Oft wiederstehe ich. Manchmal aber auch nicht.

Steckt eine Strategie dahinter, weshalb sich diese dunkle Macht eher im Verborgenen hält? Wenn es sie wirklich gibt, könnte das ja gut sein. Was wäre schließlich schlauer, als das Bewusstsein unter die Menschen zu streuen, dass es diese Macht gar nicht gibt. Man sagt ja auch: Wo kein Feind ist, ist auch kein Kampf. Vielleicht ist das auch so mit der NSA. Bis vor kurzem wussten die Menschen nicht, dass der amerikanische Geheimdienst uns alle ausspioniert. Die NSA sammelte Handydaten, E-Mails, Kontoauszüge, besuchte Webseiten, und keiner ging dagegen an. Weil es ja auch keiner wusste. Erst jetzt, wo ein Mann namens Edward Snowden die Sache aufgedeckt hat, geht die ganze Welt auf höchste Alarmbereitschaft.

Im Neuen Testament finden wir einen sehr interessanten Bericht über die erste Begegnung zwischen Jesus und dem Satan. Ich glaube, dass dieser Text uns auch heute eine Menge zu sagen hat. Er steht im Matthäusevangelium im 4. Kapitel, Vers 1 bis 11:

> Anschließend wurde Jesus von Gott in die Wüste geführt, wo der Chef des Bösen, der auch Satan genannt wird, versuchen sollte, Jesus von seinem geraden Weg abzubringen. Vierzig Tage und Nächte verzichtete Jesus ganz auf Essen, und am Ende hatte er übelst Hunger. Schließlich kam Satan vorbei. Das ist so ein Anti-Engel, ein Feind von Gott, der nur Menschen kaputt machen will. Satan versuchte Jesus reinzulegen und sagte zu ihm: »Wenn du wirklich der Sohn von Gott

bist, dann kannst du dir doch aus diesen Steinen 'nen Döner zaubern, wenn du das willst, oder?« Jesus antwortete ihm: »Vergiss es, das werde ich nicht tun. Denn Gott hat in den alten Verträgen gesagt: ›Der Mensch braucht nicht nur Essen, um zu leben. Er braucht vor allem, dass Gott mit ihm spricht.‹« Danach ging Satan mit ihm zur Stadt Jerusalem und plazierte ihn dort auf dem obersten Rand der Tempelmauer. »Spring runter!«, forderte er Jesus auf. »Du bist doch der Sohn von Gott! In den alten Verträgen kann man ja auch lesen: ›Gott wird durch seine Engel eingreifen. Sie werden dich auf Händen tragen, damit du nicht mal eine Schramme abkriegst.‹« Jesus antwortete: »Da steht aber auch: ›Du sollst mit Gott, deinem Chef, keine Spielchen spielen.‹« Jetzt nahm Satan ihn mit auf einen extrem hohen Berg und zeigte ihm von dort die ganzen Länder auf der Welt, mit ihren Regierungsgebäuden und Staatshäusern, von wo Macht ausgeübt wurde. »Die kannst du alle haben! Du musst dich dafür nur vor mich hinschmeißen, mich zu deinem Gott machen und zu mir beten. Was hältste davon? Deal?« Aber Jesus ließ ihn abblitzen. Er antwortete: »Ey, Satan, mach dich vom Acker! Denn Gott hat in den alten Verträgen gesagt: ›Du sollst nur Gott als einzigen Chef akzeptieren und nur das tun, was er dir sagt!‹« Endlich gab der Satan auf und verzog sich. Und auf einen Schlag waren dann auch ein paar Engel da, die sich um Jesus kümmerten.*

Der Satan konfrontiert Jesus mit drei Versuchungen, die du vielleicht auch kennst.

1. Mit der ersten Versuchung fordert er Jesus zu etwas Ungeheuerlichem auf. Er soll sich aus Steinen etwas zu essen zaubern! Bei Luther steht dort »aus Steinen Brot« machen.

In der Volxbibel haben wir eben aus Brot einen Döner gemacht. Ob Brot oder Döner, die Aussage ist gleich. Der Teufel möchte aus etwas Ungenießbarem etwas Genießbares machen. Das ist die Versuchung, der Jesus ausgesetzt wird. Doch Steine blieben Steine. Kennst du das nicht auch? Es geht dir nicht so gut. Vielleicht bist du unzufrieden mit deinem Leben. Und dann wird dir etwas angeboten, der einfache Weg. Das ist die Versuchung, die jeder kennt. Wir besorgen uns etwas, was unseren geistlichen Hunger schnell stillt. Schneller als das, was Gott uns anbietet. Aber wird es uns wirklich satt machen? Der katholische Pater Hans Buob sagte einmal, dass die Dinge des Teufels oft sehr verlockend aussehen. Sie riechen gut. Sie sind bunt. Sie fühlen sich erst mal gut an. Sie sehen aus wie Brot. Wenn wir sie in den Mund nehmen, schmecken sie süß und lecker. Aber wenn wir sie runterschlucken, kriegen wir Magenschmerzen. Sie liegen uns wie Steine im Bauch und verursachen Leid, Krankheit und manchmal sogar den Tod.

Ein Beispiel, das jedem einleuchtet, sind Drogen und harter Alkohol. Zuerst nimmt man es und fühlt sich gut. Wir sind high, und alles scheint prima zu sein. Fast alles. Denn oft schon am nächsten Morgen bekommen wir geistliche Magenschmerzen. Manchmal sogar buchstäblich Kopfschmerzen, besonders beim Alkohol. Wir vergiften unseren Körper. Wir vergiften unseren Geist. Wir vergiften unsere Seele. Es tut uns nicht gut. Das trifft auch auf viele andere Dinge zu, die der Satan uns anbietet. Sie sehen verführerisch aus. Aber wenn wir sie schlucken, schmecken sie bitter wie Gift. Bei den Angeboten Gottes ist es oft umgekehrt. Zuerst schmecken sie nicht unbedingt lecker. Es macht nicht immer Spaß, in der Bibel zu lesen. Beten und andere geistliche Dinge können auch ganz schön anstrengend sein. Der Gang zur Kirche fällt manchmal schwer. Aber wenn wir im Gottesdienst waren, wenn wir das Brot Gottes runtergeschluckt haben, dann entsteht ein süßlicher Geschmack in unserem Geist. Es fühlt sich gut an, es wird uns warm um die Seele.

Wie reagiert Jesus hier? Er weist den Satan scharf zurück. Ihm ist klar, dass Satans Angebot nicht Gottes Wille ist. Interessant finde ich: Jesus zitiert dabei eine Bibelstelle. Es ist wohl gut, die Bibel zitierfähig zu kennen, wenn Versuchungen kommen. Man sollte wissen, was im Wort Gottes steht. Zumindest ungefähr.

2. In der zweiten Versuchung fordert der Satan Jesus auf, sich vom Dach des Tempels zu stürzen. Die Begründung dafür ist, dass Gott schon auf ihn aufpassen wird. Er wird Engel schicken, die Jesus auffangen, bevor er auf dem Boden aufschlägt. Das verspricht der Teufel. Vor einiger Zeit unterhielt ich mich mit einem Mann, der sich sehr stark zum Rotlichtviertel hingezogen fühlte. Ständig war er in diesen Straßen, er wurde magisch davon angezogen. Der Mann hätte dieses Viertel meiden sollen. Ich glaube, dass der Versucher immer wieder zu ihm gekommen ist. Er wollte, dass dieser Mann sich in Gefahr begibt. Er sollte leichtsinnig werden. Er sollte sich einer für ihn völlig irren und gefährlichen Situation aussetzen. Auf dem Dach des Tempels ist es windig. Man kann leicht runterfallen. Sich von dort absichtlich runterzustürzen würde bedeuten, sich in allerhöchste Lebensgefahr zu bringen. So eine Art Kamikazeglaube.

Jesus widersteht der Versuchung. Ganz klipp und klar. Ich habe keine Ahnung, wie deine Situation aussieht, wo es für dich gefährlich wird. Ob es der Kontakt mit bestimmten Freunden oder Freundinnen ist. Kreise, die dich oft schlecht draufbringen. Wo du Dinge tust, die du später bereust. Wo steht dein Dach des Tempels? Wichtig ist auch zu sehen, dass der Satan hier wieder ganz fromm daherkommt. Er zitiert eine Bibelstelle. Satan muss die Bibel gut kennen. Viel Leid ist geschehen, weil Menschen Bibelstellen falsch zitiert und ausgelegt haben. Jesus kontert ebenfalls mit einer Stelle aus dem Alten Testament. Er macht damit klar, dass die Bibel ausgelegt und richtig verstanden werden muss. Wenn du von Christen mit Bibelstellen zugeschmissen und vielleicht sogar verletzt wirst, muss nicht unbedingt Gott dahinterstehen. Es kann auch der Teufel sein.

3. Die letzte Versuchung ist vielleicht die interessanteste. Satan bietet Jesus Ruhm und Macht an. Weltliche Macht wohlgemerkt. Das muss bedeuten, dass er diese Macht besitzt. Diese Stelle zeigt sehr deutlich, wer in der Welt zurzeit das Sagen hat. Es ist nicht Gott, es ist der Satan. Interessant auch deswegen, weil der Widersacher hier etwas ganz Konkretes von Jesus will. Er möchte angebetet werden! Nur einmal von Gott angebetet werden! Als ich diesen Vers das erste Mal las, wurde mir plötzlich klar: Im Grunde will alles in der Welt angebetet werden. Man muss Anbetung nur in einer gewissen Weise verstehen. Alle Stars wollen angebetet werden. Sie wollen den Applaus von Menschen, sie leben dafür. Das Geld will angebetet werden. Nehmen wir Geld als eine Person, so drängt es alle Menschen dazu, sich nur mit ihm zu beschäftigen. Die Politiker wollen angebetet werden. Besonders im letzten Wahlkampf ist mir das aufgefallen. Es geht ganz viel um Show, gut dastehen, gemocht werden. Und ganz wenig um Inhalte und darum, dass es anderen bessergeht. Satan möchte auch angebetet werden, das ist sein wichtigstes Ziel. Aber immer dann, wenn etwas außerhalb Gottes angebetet wird, bekommt es Schräglage. Menschen, die zu viel Aufmerksamkeit bekommen, werden krank. Das Ego erkrankt, sie werden selbstsüchtig und senil. Das ist übrigens auch bei Pfarrern und Pastoren der Fall. Applaus tut gut, doch viele werden süchtig danach. Und dann tut man

die Dinge nur noch, um Applaus zu bekommen, und nicht mehr, weil sie richtig sind. Ich denke, es gibt nur einen, bei dem es immer gesund ist, wenn man ihn anbetet. Und das ist Gott. Gott soll allen Applaus bekommen, er hat es verdient. Und nur das ist gesund.

Zum Abschluss möchte ich aufzeigen, wie man sich zur Wehr setzen kann. Im Epheserbrief gibt Paulus ganz konkrete Tipps, wie man sich gegen diese dunkle Macht schützen kann. Sozusagen die Gamecheats für den echten Demonhunter. Paulus schreibt im 6. Kapitel, Vers 10 bis 18:

»Und was ich euch am Ende noch mal sagen will: Ihr müsst stark werden durch Jesus, seine Kraft kann euch stark machen. Legt euch das ganze Waffenarsenal zu, das ihr von Gott bekommen könnt. Damit seid ihr in der Lage, euch gegen die linken Attacken vom Satan zu wehren. Wir kämpfen ja nicht gegen Menschen, die ihre Muskeln und Fähigkeiten gegen uns einsetzen, sondern gegen übernatürliche Mächte, gegen böse Geister, linke Bazillen aus einer parallelen Dimension, gegen die dunkle Seite der Macht, die diese Welt beherrscht. Darum legt euch das gesamte Waffenarsenal zu, das Gott für euch bereitgestellt hat. Damit werdet ihr die linken Attacken der bösen Seite abwehren können, wenn es mal zu einem Kampf kommt. Als Waffengurt könnt ihr die Wahrheit Gottes anziehen und um den Oberkörper eine schusssichere Weste, indem ihr euch immer klar darüber seid, dass Jesus euch für Gott okay gemacht hat. An die Füße sollen Boots, die dafür stehen, jedem und überall die gute Nachricht erzählen zu wollen, dass Gott mit den Menschen Frieden geschlossen hat. Setzt euer Vertrauen in Gott wie einen Schutzschild ein, der die Laserschüsse vom Feind Satan abfängt. Schützt euren Kopf durch einen Motorradhelm, dadurch, dass ihr wisst, ihr seid von Gott gerettet worden und darum in Sicherheit. Und als Laserschwert könnt ihr die Worte von Gott benutzen. Sein Geist stellt euch dieses Schwert zur Verfügung. Hört nie auf zu beten, egal, wo ihr auch gerade seid. Betet ständig durch seine Kraft, pennt dabei nicht ein und bleibt wachsam.«[*]

Wir können uns also bewusst gegen diese Attacken zur Wehr setzen. Wir sollen es sogar. Mit der Wahrheit Gottes ist gemeint, dass wir generell in der Wahrheit leben und nicht lügen. Lüge sorgt immer für offene Stellen, an denen wir verletzlich sind. Hast du eine Lüge in deinem Leben, bist du leicht verwundbar. Sie muss nur aufgedeckt werden, dann ist es vorbei. Die ständige Bereitschaft zu haben, überall von Gott zu erzählen, schützt uns auch gewaltig. Wer als Christ in seinem Ort überall bekannt ist, geht nicht so schnell in den Pornoschuppen oder besäuft sich nachts in der Kneipe. Wenn du gern lästerst, aber weißt, dass du im nächsten Augenblick vielleicht von deinem Glauben erzählen musst, wirst du deine Lästerei schon unter Kontrolle halten. Das Vertrauen in Gott schützt uns wie ein Schutzschild. Wenn du angegriffen wirst, auch von Menschen, kann dir dieses Vertrauen den nötigen Schutz geben. Der Kopf braucht einen Helm, der uns ganz sicher sein lässt: Gott hat mich gerettet. Dort werden wir über die Gedanken leicht angegriffen. Interessant: Die einzige offensive Waffe, die Paulus beschreibt, sind die Worte Gottes. Darum ist es so wichtig, die Bibel zu kennen.

Kurzgefasst:

Der Satan ist mit seinen Versuchungen eine ständige
Bedrohung für jeden Christen. Und doch ist es
relativ leicht, sich gegen ihn zu wehren.
Du musst wissen, wie er die Menschen versucht,
vom Weg abzubringen.
Es gibt aber auch erprobte Mittel und Wege,
mit denen du seine Attacken abwehren kannst.

Bibelstellen:

Matthäus 4,1–11; Epheser 6,10–18

Gebet:

»Jesus, danke, dass du stärker bist als der Satan.
Bitte hilf mir, wachsam durchs Leben zu gehen
und mich vor den Angriffen aus der
Dunkelheit zu schützen!«

Träume, Visionen und die Wirklichkeit

Ich muss gestehen, dass ich immer schon Probleme mit dem Einschlafen hatte. Bereits als kleines Kind. Ich wälzte mich hin und her, versuchte es mit dem Schäfchenzählen, aber es wollte sich partout keine Müdigkeit einstellen. Viele Stunden lag ich wach in meinem Bett und beobachtete die Wassertropfen, die langsam an meinem Fenster herunterliefen. Gefühlt hundert Umdrehungen, Tausende kleine Schäfchen und geschätzte eine Million Wassertropfen später kam ich zur Ruhe.

Doch wenn ich dann schlief, habe ich immer sehr heftig geträumt. Es ging in meinen Träumen um Höhlen, die ich in unserem Nachbargrundstück bauen wollte. Oder um Erlebnisse mit den Spielkameraden von der Straße. Oder um Mädchen, denn ich war ständig in irgendeines verliebt. Dabei gab es auch Träume, die sich wiederholten. Zum Beispiel träumte ich regelmäßig, dass ich in der Lage sei zu fliegen. Mein heiß geliebter blauer Anorak half mir dabei. Ich streckte die Arme in den Wind und klammerte mich dabei ganz fest an die Enden meines Anoraks. Dann lief ich, so schnell ich konnte, die Straße hinunter, hob ab und flog dem Himmel entgegen. Manchmal schwebte ich zu meiner Schule und konnte aus dem Himmel die Gebäude von oben detailgetreu erkennen. Und das, obwohl ich niemals auf einem dieser Dächer gewesen war.

Träume sind wichtig. Psychologen sagen, dass unsere Psyche im Traum die Erlebnisse des Tages verarbeitet. Träumten wir nicht, wir würden irgendwann verrückt werden. In einem amerikanischen Foltergefängnis hat man versucht, Gefangene vom Träumen abzuhalten. Immer wenn sie gerade eingeschlafen waren und die sogenannte REM-Phase begann, weckte man sie wieder auf. Diese REM-Phasen machen sich durch ein Flackern der Augenlider bemerkbar, und erst in diesen Phasen beginnt der Mensch zu träumen. Nach wenigen Tagen wurden die meisten Gefangenen verrückt. Man hatte der Psyche durch die Untersagung von Träumen die Möglichkeit genommen, sich zu regenerieren. Und das endete im Wahnsinn. Eine absolut schreckliche und brutale Foltermethode, wie ich finde.

Aber auch die Wachträume des Tages haben einen unermesslich großen Wert. Ich meine damit die Träume und Visionen, die uns im Alltag geschenkt werden. Es geht mir um Lebensträume, Wünsche, Ideen, die uns plötzlich einfallen. Ein Mensch ohne solche Träume tritt irgendwann auf der Stelle. Es finden kaum Veränderungen in seinem Leben statt. Es sei denn, er wird von außen dazu genötigt. Er lebt von Tag zu Tag, fast wie in Trance, ohne wirklich weiterzukommen.

Es gibt ja das bekannte Sprichwort: »Träumst du noch oder lebst du schon?« Man kann es auf unzähligen Klowänden finden. Letztendlich will es uns sagen: Leben ist besser als träumen. Das klingt nett und einleuchtend. Doch wenn damit gemeint ist, dass das Träumen keinerlei Veränderung bewirken kann, sondern nur das Leben, dann ist es falsch. Ich bin mir sicher: Genau das Gegenteil ist der Fall. Es gibt keine große Veränderung ohne einen vorherigen Traum.

Jede Erfindung, jede Firma, jede Band, jeder Film, jede Gemeinde, jedes Projekt begann einmal mit einem Traum. Man kann sagen: Am Anfang von etwas Neuem steht immer ein Traum. Jemand hatte eine Vision, eine neue kluge

Idee. Und dieser Traum brachte ihn dazu, etwas Neues zu wagen. Bis dann aus dem Traum Realität wurde.

Martin Luther King hielt am 28. August 1963 seine berühmte Rede »I have a dream« (deutsch: »Ich habe einen Traum«). Vor über 250 000 Menschen, die für die Rechte der Schwarzen in den USA demonstrierten, entwickelte er in dieser Ansprache eine große Vision. Er sprach von einem freien Amerika, in dem Schwarze und Weiße die gleichen Rechte haben. Er sprach davon, dass Menschen in den USA künftig nicht nach ihrer Hautfarbe, sondern nach ihrem Charakter beurteilt werden würden.

Sicher ist dieser Traum bis heute noch nicht ganz erfüllt. Und doch ist der gegenwärtige Präsident der Vereinigten Staaten tatsächlich ein dunkelhäutiger Mann, Barack Obama. Auch wenn man auf die Geschichte von großen Firmen wie Samsung, Mercedes Benz oder Porsche blickt, kann man eines überall finden: Da gab es einen Menschen, der eine Vision hatte, und er ließ von dieser Vision nicht ab, bis sie zur Realität wurde.

Gott verspricht durch den Propheten Joel, dass alle gläubigen Menschen Visionen und Träume von ihm bekommen können. Dort steht im 3. Kapitel, im 1. Vers:

>»Wenn das alles vorbei ist, dann passiert noch etwas ganz Heftiges. Und zwar werde ich meine Kraft, meine Energie in alle Menschen schütten. Dadurch sind dann sogar eure Kinder plötzlich in der Lage, wie Propheten Worte von mir zu bekommen. Die Opas und Omas werden nachts Träume haben, die auch von mir sind. Und Jugendliche werden von mir krasse Visionen ... kriegen.«

Dieses Wort gilt für alle Menschen, die an Gott glauben. Ist das nicht heftig? Gott will seinen Leuten Träume und Visionen geben! Und damit waren nicht nur prophetische Worte oder Träume gemeint, da bin ich mir sicher. Der

Gott der Bibel ist ein schöpferischer, kreativer Gott. Er liebt es, Neues zu kreieren. Die ganze Schöpfungsgeschichte zeugt davon, wie kreativ Gott ist. Die Liebe, die Unterschiedlichkeit und sein Einfallsreichtum, mit der er die Natur gemacht hat, ist Beweis genug dafür. Er mag es, Unvorstellbares möglich zu machen, Neues zu schaffen und Träume zu verwirklichen. Das kann man überall erkennen. Unser Gott steckt voller Überraschungen.

Mit diesem Thema habe ich mich auch selber ganz praktisch auseinandergesetzt. Es gibt Visionen von mir, die schlichtweg gescheitert sind. Sie wurden nie umgesetzt und blieben am Ende nur ein Traum. Doch es gibt andere Visionen, die nach Jahren tatsächlich Wirklichkeit geworden sind. Ich frage mich deshalb rückblickend: Wie entsteht eine Vision eigentlich? Und was muss passieren, damit ein Traum auch Wirklichkeit wird? Was ich hier schreibe, ist also keine blanke Theorie. Ich habe es selber erlebt. Es funktioniert!

Eine meiner Visionen entstand 1990 in einem Wohnzimmer in Hamburg. Ich träumte davon, eine christliche Jugendbewegung in Deutschland zu gründen, die Jesusfreaks. Sie sollte anders sein als alle Kirchen. Es sollten Leute in die Gottesdienste kommen, die anderswo rausgeschmissen werden. Wir sollten unsere eigene Musik spielen und in unserer eigenen Sprache beten und predigen. Dazu lud ich zwei junge Männer in mein Wohnzimmer ein, und wir begannen diesen Traum zu leben. Heute gibt es über hundert Gruppen im deutschsprachigen Raum. Jedes Jahr feiern wir ein großes Festival in der Mitte von Deutschland, zu dem bis zu 8000 Menschen zusammenkommen. Dieser Traum ist also Wirklichkeit geworden.

Eine andere Vision drehte sich um eine neue Bibel. Ich hatte einen Traum von einer ganz anderen, frischen Bibelübersetzung. Sie sollte für junge Menschen sein, in einer einfachen, möglichst unreligiösen Sprache. Und ich wollte, dass jeder Mensch an dieser Bibel über das Internet mitarbeiten kann. Die Volxbibel erschien vor acht Jahren und hat den Deutschen Bibelmarkt revolutioniert. Sie ist die erste Bibel weltweit, an der jeder von überall aus über eine Wikiplattform mitarbeiten kann. Sie tauchte sogar für einige Wochen in den Taschenbuchbestsellerlisten auf, und viele Pfarrer, Pastoren und Religionslehrer arbeiten mittlerweile damit. Auch dieser Traum ist Wirklichkeit geworden. Und ich habe durch ihn etwas gelernt: dass das Träumen ein Leben verändern kann.

Vielleicht hast du auch eine besondere Idee? Vielleicht hat Gott dir eine Vision für ein neues Projekt gegeben? Vielleicht sehnst du dich danach, einen Traum von Gott für dein Leben zu bekommen? Ich habe im Rückblick festgestellt, dass Gott bei all meinen Visionen bestimmte Schritte mit mir gegangen ist. Diese Schritte haben mir geholfen, dass aus den Visionen auch Wirklichkeit wurde.

Der erste Schritt ist, dass Gott die Vision in unser Herz pflanzen muss. Es ist wirklich mit dem Pflanzen eines Baums vergleichbar. Manchmal haben wir das Gefühl, der Gedanke ist schon lange da. Und irgendwann beginnen wir, von dieser Idee zu träumen. Zu dem einen Gedanken gesellt sich der nächste, Begeisterung kommt auf. Und auf einmal bricht die Vision aus dir hervor, sie fängt an zu keimen. Es beginnt etwas Neues, mit sehr viel Potenzial. Jedes Samenkorn hat ein großes Potenzial. Aus ihm kann etwas Großes wachsen, wenn die Bedingungen stimmen: Der Boden darf nicht zu hart sein, er muss etwas Wasser in sich tragen. Wichtig ist nur, dass Gott es ist, der den Samen pflanzt. Zumindest bei Visionen, bei denen es letztendlich um seine Sache geht. Das kann aber auch die Idee für eine neue Firma sein, wenn diese Firma eine Familie ernähren soll und der Besitzer für Gott lebt. Umso mehr gilt das für Projekte, die man klar zu Gottes Reich, zu seiner Sache zählt. Zum Beispiel die Gründung einer christlichen Band, einer neuen Gemeinde oder eines neuen christlichen Werks. Gott pflanzt ganz unterschiedlich. Bei mir war es so, dass der Same zur Gründung der Jugendbewegung Jesusfreaks beim Lesen eines Buches gelegt wurde. In diesem Buch wurde der geistliche Aufbruch unter Hippies in den USA beschrieben. Beim Lesen wurde ich unruhig. Plötzlich war mir warm ums Herz, und ich wusste ab dem Zeitpunkt: Dafür willst du leben! Du willst so etwas noch einmal entstehen sehen!

Bei der Volxbibel war es anders. Dort unterhielt ich mich mit einem Pfarrer über die vorhandenen Bibelübersetzungen. Uns fiel auf, dass es keine Bibel für junge Leute gibt, die noch nie in einer Kirche waren. »Wir brauchen eine Bibel für das Volk, für Leute, die noch nie in einem Gottesdienst waren«, rief ich aus. Mit dieser Idee begann alles. Es kann aber auch durch einen Kinofilm geschehen. Oder mitten im Gespräch auf einer Party. Plötzlich hast du eine Idee, und die Idee ist von Gott.

Der zweite Schritt ist, dass wir anfangen müssen, über der Vision zu brüten. Es ist wichtig, dass es diese Zeit gibt. Denn beim Brüten kommen die besten Gedanken, wie man eine Vision auch praktisch umsetzen kann. Zu dem vielleicht verrückten Traum kommen plötzlich konkrete Pläne, wie der Traum Wirklichkeit werden könnte. Du fängst an, Dinge aufzuschreiben, du suchst im Internet nach mehr Information, du kaufst dir Bücher zu dem Thema und liest sie auch. Du lernst Leute kennen, die ebenfalls etwas zu der Vision beisteuern könnten. Der Traum wird immer konkreter, er bekommt Arme und Beine, und jetzt weißt du, was als Nächstes zu tun ist. Dieser Schritt ist elementar, denn wenn du zu schnell eine Vision umsetzt, passieren oft Fehler. Die Pflanze geht wieder ein, bevor sie überhaupt erst richtig wachsen konnte. Ich würde mir für diese Phase genügend Zeit lassen. Plane und bete auch gründlich für den nächsten Schritt. Bei Grünpflanzen ist es so, dass sie tiefe Wurzeln brauchen. Erst wenn sie gewachsen sind, kann die Pflanze einem Sturm und Unwetter standhalten. Sind die Wurzeln tief genug, wird sie den ersten Schwierigkeiten trotzen können. Das gilt auch für eine Vision. Wenn du diese Phase überspringst, könnte der Traum bei der ersten Kritik oder den ersten Konflikten wieder eingehen.

Der nächste Schritt beginnt damit, dass du anfängst, mit dem Traum an die Öffentlichkeit zu gehen. Eine Vision muss ausgesprochen werden, damit sie Realität wird. Das ist bei fast allen Ideen der Fall, die mit Menschen zu tun haben.

Du spürst, wenn dieser Zeitpunkt gekommen ist. Plötzlich erkennst du, wie nur aus dem Gedankengebäude etwas Konkretes wächst. Du beginnst dich mit Leuten zu treffen, etwas für die Öffentlichkeit auf Papier zu schreiben, zum Beispiel einen Flyer zu gestalten. Andere Menschen fangen an, sich für deine Vision zu interessieren. Im Gespräch spürst du, dass der Funke überspringt und sich die anderen für deine Idee begeistern können. Du bekommst Gelegenheit, in einer Gemeinde oder in den Medien von deinem Traum zu erzählen. Schließlich überträgt sich die Vision wie ein Lauffeuer. Was hier passiert, ist etwas sehr Schönes: Dein Traum wird zur Wirklichkeit!

Und dann erst, im vierten Schritt, solltest du damit beginnen, die Vision tatsächlich in die Tat umzusetzen. Es ist an der Zeit, Räume zu mieten, Konten einzurichten, Veranstaltungen zu planen und gegebenenfalls Leute einzustellen. Bei den Jesusfreaks haben wir dann recht schnell einen Verein gegründet, um die Grundlage für Spenden zu haben. Bei der Volxbibel fing ich erst an, den Text kontinuierlich zu schreiben, als wir die Verträge mit dem Verlag unterzeichnet hatten. Ich kaufte mir einen PC, besorgte die nötige Literatur und begann zu schreiben, Stunde für Stunde, Tag für Tag.

Viele Visionen werden anfangs bekämpft. Wenn du bei der Umsetzung Schwierigkeiten bekommst, lass dich nicht entmutigen. Es muss nicht das Ende deiner Vision sein. Vielleicht musst du sie nur an einer Stelle etwas korrigieren. Gott kann solche Probleme auch gebrauchen, um deinen Weg etwas zu lenken, falls du vielleicht aus der Spur gelaufen bist.

Mir haben diese Schritte geholfen, meine Träume in die Realität umzusetzen. Vielleicht hilft es dir auch? Noch ein letzter Tipp: Wenn du heute Nacht ins Bett gehst, leg dir ein leeres Blatt Papier und einen Stift auf deinen Nachttisch. Vielleicht wachst du plötzlich auf und hast den Traum deines Lebens. Dann solltest du ihn sofort aufschreiben. Denn Träume haben die Eigenschaft, schnell zu verfliegen.

Kurzgefasst:

Träume und Visionen sind wichtig.
Vier Tipps, wie aus einem Traum
Realität werden kann.

Bibelstelle:

Joel 3, Vers 1

Gebet:

»Gott, du hattest eine Vision von dieser Welt.
Ich danke dir für die Kraft von Träumen.
Schenk auch mir einen Traum.
Und hilf mir, diesen Traum umzusetzen.«

Krisen, Wüsten und ein Weg

Seit 1980 werden in Deutschland zweimal im Jahr die Uhren umgestellt. Im Frühjahr eine Stunde vor und im Herbst eine Stunde zurück. Das passiert immer genau um 2:00 Uhr nachts. Seitdem die Regierung den Beschluss dazu gefasst hatte, gab es immer wieder Proteste. Denn die Vorteile, wie die Einsparung von Energie, wiegen für manche Menschen nicht schwer genug. Viele haben Probleme damit, nicht ihre Uhren, aber ihren Lebensrhythmus zweimal im Jahr umzustellen.

Gewiss, Umstellungen fallen schwer. Doch jeder Mensch muss sich ständig auf neue Gegebenheiten einstellen. Leben bedeutet Veränderung. Eine Pflanze lebt nur, solange sie wächst. Findet kein Zellwachstum mehr statt, verändert sie sich nicht mehr, dann ist sie tot. Schon der gute alte Goethe soll gesagt haben: »Das Leben gehört dem Lebendigen an, und wer lebt, muss auf Wechsel gefasst sein.«

Viele dieser Veränderungen sind schön. Sie machen das Leben lebenswert. Zum Beispiel die Geburt eines Kindes. Oder eine neue Freundin, ein neuer Freund. Aber manche Veränderungen sind auch schmerzhaft. Sie tun weh. Ich glaube sogar, dass es zwischen Freude und Schmerz einen Zusammenhang gibt. Vor der Geburt stehen unglaubliche Schmerzen. Ein Kind zu gebären ist nicht leicht. Meine Frau und ich haben vorletztes Jahr eine kleine Tochter bekommen. Ich war bei der Geburt im Krankenhaus live dabei. Schon vorher habe ich meine Frau sehr geliebt und hatte großen Respekt vor ihr. Aber durch dieses Erlebnis ist mein Respekt ins Unendliche gewachsen. So eine Geburt durchzustehen erfordert unendlich viel Kraft, Ausdauer und die Fähigkeit, große Schmerzen auszuhalten.

Am Ende war das Glück für uns beide umso größer. Und die Veränderung gigantisch. Wer selbst ein Kind bekommen hat, weiß, wovon ich rede. Nichts ist hinterher so, wie es vorher war.

Es gibt also einen Wechsel zwischen dem Schmerzvollen und dem Schönen. Das finden wir auch immer wieder in der Bibel. Das Leben ist nicht nur eitel Sonnenschein, sondern auch Leid und manchmal voller Probleme. Mal schlägt das Pendel in die eine Richtung aus, dann wieder in die andere. Mal befinden wir uns in einer »Fluchsituation«. Dann wieder in einer »Segenssituation«.

Bei der Arbeit an der Volxbibel ist mir etwas ganz besonders aufgefallen. Vom ersten Buch Mose bis zur Offenbarung des Johannes wird die Geschichte des Volkes Israel immer wieder erzählt. Israel war und ist Gottes Volk. Man kann das nicht erklären oder begründen. Er hat sich diese Gruppe von Menschen auserwählt. Fast alles, was wir im Alten Testament an Erzählungen finden, hat etwas mit diesem Volk zu tun. Aber auch im Neuen Testament spielen die Israeliten und ihre Geschichte immer wieder eine große Rolle. In der Apostelgeschichte predigt Stephanus zum Beispiel darüber (Apostelgeschichte 7). Und auch im Hebräerbrief wird dieses Verhältnis noch einmal exemplarisch besprochen (Hebräer 8).

Die Geschichte geht so: Das Volk Israel war in Gefangenschaft in Ägypten. Dann wurde es von Gott dort herausgerufen und durch Mose in die Freiheit geführt. Gott gab ihnen ein neues Ziel: Das Gelobte Land. Aber bevor sie dort ankamen, mussten sie viele Jahre durch die Wüste gehen.

Viele Theologen glauben, dass diese Erzählung exemplarisch für alle Menschen steht. Es ist nicht nur der Weg, den Gott mit Israel gegangen ist. Nein, er geht diesen Weg auch mit jedem von uns. Das, was er mit seinen Leuten getan hat, war kein Zufall. Er wollte uns etwas damit sagen.

Ich möchte gleich verdeutlichen, was ich damit meine. Aber vorher noch einmal in Auszügen die Erzählung aus der Bibel. Hier im Psalm 136:

»Dankt dem Herrn, weil er gut zu uns ist,
und seine Liebe zu uns endet niemals ...
Er hat Israel aus Ägypten geführt,
denn seine Liebe zu uns endet niemals ...
Er teilte das Schilfmeer entzwei,
denn seine Liebe zu uns endet niemals.
Er führte sein Volk mitten durch dieses Meer,
denn seine Liebe zu uns endet niemals ...
Er führte die Israeliten durch die Wüste
denn seine Liebe zu uns endet niemals.
Dankt Gott im Himmel,
denn seine Liebe zu uns endet niemals.
denn seine Güte währet ewiglich.«

Was kann uns diese Geschichte nun sagen?

Erstens: Mit Gott zu leben bedeutet, unterwegs zu sein, gemeinsam einen Weg zu gehen. Oft hat man bei Menschen, die über ihren Glauben reden, den Eindruck, als ginge es beim Christsein mehr um einen Flug als um einen Weg. Und zwar in der Business Class, mit Ledersitzen und »all you can eat«. Sie erzählen dann, in ihrem alten Leben hätten sie Omas ausgeraubt, jeden Tag Drogen genommen und kleine Katzenbabys zum Frühstück gegessen. Dann kam das große Bekehrungserlebnis. In der darauffolgenden Woche haben sie dann die Bibel durchgelesen und anschließend Hunderte »zum Herrn geführt«. Es war alles ganz einfach, ging ganz schnell, und man musste nichts dafür tun. Eben wie bei einem Flug. »Mit Gotthansa von Ägypten ins Gelobte Land in nur drei Stunden.« Aber wenn man diese Menschen dann etwas länger begleitet, stellt man fest: Auch sie mussten einen Weg gehen. Und müssen ihn jeden Tag gehen.

Jeder Christ kennt das, und du bestimmt auch. Gott hat dich aus deinem Ägypten gerufen. Irgendwann gab es einen Moment, wo dir klarwurde: Christus ruft mich! Jesus ging damals umher und rief seinen neuen Jüngern zu: »Komm! Folge mir nach!« Nachfolgen bedeutet einen Weg zu gehen, hinter jemandem herzugehen. Dabei sieht jedes Ägypten anders aus. Manchmal gab es dort eine Versklavung. Du warst abhängig von bestimmten Dingen, eben unfrei. Übrigens: In vielen Sprachen hat das Wort für Sucht seinen Ursprung in dem Wort Sklave. Es ging dir damals nicht gut. Du wusstest, dass dein Leben immer weiter bergab geht. Aber dann hat dir jemand vom Glauben erzählt. Vielleicht waren es deine Eltern oder deine Oma oder ein guter Freund. Das war der Zeitpunkt, wo Jesus dich gerufen hat. Er sagte: »Komm, folge mir nach! Komm aus deinem Ägypten! Ich hab ein neues Ziel für dich!« So wie er es damals mit seinen Jüngern gemacht hat. Und du hast dieses Rufen gehört. Das bedeutet auch: Dein Leben hat wirklich ein neues Ziel bekommen. Gelobtes Land! Himmel! Paradies! Vorher war es ein dunkles Ziel. Gottlosigkeit! Sünde! Hölle! Du gehst jetzt mit Gott diesen Weg. Jeden Tag. Dieser Glaube ist etwas Alltägliches geworden. Manchmal habe ich das Gefühl, ich müsste mich jeden Tag neu dafür entscheiden. Aber es ist nicht so, dass Gott dich von einem Tag auf den anderen in dein Gelobtes Land versetzt. Du musst gehen. Jesus ruft immer wieder Menschen dazu auf, ihr Ägypten zu verlassen und ihm nachzufolgen.

Zweitens: In der ersten Zeit als gläubiger Christ passieren oft solche Schilfmeererlebnisse. Wassersäule rechts, Wassersäule links. Jeden Tag ein neues Wunder. Manna fällt vom Himmel. Bei mir war das so und bei vielen meiner Freunde auch. Gott scheint jedes Gebet zu erhören. Die Gottesdienste sind alle prickelig und aufregend. Du änderst dein Leben, und es fällt dir sehr leicht. Du hörst von einem Tag auf den anderen mit dem Rauchen auf. Gar kein Problem. Es ist spannend, in der Bibel zu lesen, sie wird zum Lieblingsbuch. Es scheint, als würde Gott uns hundert Freispiele geben. Denn er freut sich so sehr darüber, dass wir unser Leben in die Hände von Christus gelegt haben. Dafür brennt er gern mal ein Feuerwerk ab. Diese erste Zeit ist wichtig. Denn sie motiviert uns, weiterzugehen. Sie ist vergleichbar mit einer Vision, die das Leben mit Gott beschreibt.

Drittens: Aber dann kommt sehr oft auch eine Zeit der Wüste. In der Wüste scheint Gott nicht mehr nahe zu sein. Unsere Gebete flachen ab. Es ist trocken. In dieser Wüste werden wir versucht. Die dunkle Seite kommt auf uns zu und will uns vom Weg mit Gott abbringen. Mancher denkt dann ähnlich wie das Volk Israel: »Ach, wäre ich mal in Ägypten geblieben! Da hatte ich wenigstens genug zu essen!« Man sehnt sich nach den »Fleischtöpfen Ägyptens«. Dabei war es ein Fraß, den die Ägypter den Israeliten jeden Tag zur Verfügung gestellt haben. In dieser Phase kommen alte Versuchungen auf einmal zurück. All die Dinge, von denen wir glauben, sie hätten keine Macht mehr über uns. Wir stellen uns die alten Fragen noch mal neu. Diese Zeit ist wichtig. Denn hier zeigt sich: Habe ich meinen Glauben nur auf eine Erfahrung gebaut? Bin ich Christ geworden, um jemand anderem einen Gefallen zu tun? Oder habe ich diesen Schritt im Vertrauen auf Jesus gemacht? In der Wüste ändern wir uns am meisten. Wir lassen Gott an unseren Charakter ran. Warum sich auch im Schilfmeer ändern, da läuft ja alles gut? Es ist eine Phase, in der die Weichen für die Zukunft gestellt werden. Hier entscheidet sich, wie dein weiteres Glaubensleben verläuft. Lässt du dich von Gott verändern? Oder lebst du wieder in den alten Zusammenhängen, in deinem Ägypten? Wird dein Glaube nur an der Oberfläche bleiben oder in die Tiefe gehen?

Viertens: Am Ende dieses Weges steht das Gelobte Land. Gott hat ein Ziel mit uns. Das große Ziel heißt »Paradies«. Aber auf dem Weg dorthin liegen viele kleine gute Ziele. Dort segnet er uns und zeigt, wie sehr er uns liebt. Im Psalm 136 scheint es so zu sein, als würde der Psalmist es uns immer wieder einhämmern, damit wir es nicht vergessen. »Denn seine Liebe zu uns endet niemals!« Auch die Wüste kann zu einem Zeichen der Liebe Gottes werden. Er möchte uns verändern, zu unserem Besten. Gott macht das ja nicht aus purem Eigensinn. Er will, dass wir glücklich sind. Und er will, dass wir unsere Aufgaben in der Welt schaffen. Er will, dass wir unser Ziel erreichen. Dafür braucht es oft eine Umstellung. Krisen, Probleme, Wüsten helfen uns dabei. Denn es ist ein gutes Ziel, was uns vor Augen steht. Das Gelobte Land!

Viele Theologen gehen davon aus, dass das Volk Israel damals lange im Kreis gewandert ist, bis sie an ihrem Ziel ankamen. Vielleicht kennst du das ja auch. Auch wenn die großen Schilfmeererlebnisse am Anfang des Glaubens nicht wiederkommen. Es ist doch so: Zwischendrin wechselte es immer wieder: Auf die Wüste folgt ein Wunder. Auf den Hunger folgt das Sattsein. Gottesnähe und Gottesferne. Es ist wie eine Pendelbewegung, die nur eins zum Ziel hat: Dass wir uns immer mehr auf Gott einlassen. Er möchte unser Herz verändern, nicht unser Hirn.

Mir fällt auf, dass viele Predigten eigentlich nur den Verstand zum Ziel haben. Achte mal darauf. Wie oft fallen die Worte, »wir müssen verstehen« oder »kapieren« oder »erkennen«. Doch das sind Dinge, die sich nur in unserem Kopf abspielen. Gott möchte aber tiefer mit uns zusammen sein, als nur in unserem Verstand. Er möchte eine Liebesbeziehung zu uns und keine Beziehung, die wir nur aus einer Kopfentscheidung heraus getroffen haben.

Ich weiß natürlich nicht, wo du dich gerade befindest. Befindest du dich gerade in einer Zeit der Umstellung? Erlebst du Gott gerade im Schilfmeer? Dann kannst du dich daran freuen und diese Zeit genießen. Atme tief ein, nimm alles mit, was du kriegen kannst. Sei Gott dankbar für diese Zeit, betrachte es nicht als Selbstverständlichkeit. Es ist ein Geschenk an dich. Und es erfüllt auch einen Zweck: So kann das Leben mit Gott aussehen.

Es könnte aber auch sein, dass du dich eher in der Wüste befindest oder kurz davor. Dann lass dich ermutigen. Wüste ist nichts Schlimmes. Du bist immer noch auf dem Weg mit Gott. Mose war in der Wüste. Jesus war in der Wüste. Paulus war in der Wüste. Krisen sind eine Erfahrung, die viele Menschen aus der Bibel kennen. Nutze die Zeit, um Gott an dein Herz zu lassen. Vielleicht nimmst du alle Kraft zusammen und gehst einmal in eine Therapie. Vielleicht überdenkst du auch deine Situation und triffst einige wichtige Entscheidungen. Das könnte ein Ortswechsel sein, ein Berufswechsel oder sogar ein Wechsel des Freundeskreises. Solche Entscheidungen treffen wir oft erst in der Wüste. Aber sie können deinen weiteren Weg zum Positiven verändern. Hauptsache, du verlierst nicht dein Ziel aus den Augen. Zu allererst ist das immer Jesus. Die Gemeinschaft mit ihm sollte immer im Fokus bleiben.

Letztendlich ist eines immer das große Ziel aller Christen: das Paradies! Der Ort, wo Milch und Honig fließen. Da möchte ich auch einmal hinkommen. Und ich freu mich schon drauf!

Kurzgefasst:

Das Leben mit Gott ist ein Weg, den wir gehen.
Er hat uns aus der Verlorenheit herausgerufen
in ein neues Land.
Auf dem Weg dorthin durchqueren wir oft Wüsten,
in denen er unser Herz verändert.

Bibelstelle:

Psalm 136

Gebet:

»Gott, führe mich durch die Wüste meines Lebens
zu dem Ziel, das du für mich gewählt hast.
Ich möchte, dass du mich veränderst.
Ich möchte in meinem Gelobten Land ankommen.«

3:00 Uhr

Tod und Leben

Statistisch gesehen sterben die meisten Menschen nachts, zwischen drei und vier Uhr morgens. Keine Ahnung, warum das so ist. Im Internet findet man zahlreiche Vermutungen darüber. Einige glauben, es hat etwas mit dem Tiefschlaf zu tun. Da ist der Mensch innerlich ruhig und nicht mehr so angespannt. Das gesamte Bewusstsein scheint für einen Moment runtergefahren zu sein. Und wer innerlich ruhig ist, kann nicht mehr so vehement gegen den Tod kämpfen. Denn der Tod ist ein starker Gegner.

Ein Freund von mir verstarb vor einigen Jahren ganz überraschend. Er war lange in der Antifa, einer politischen Bewegung, die gegen den Faschismus in Deutschland kämpft. In Diskussionen bezog er immer eine Gegenposition zum Staat, dem Establishment und ganz besonders auch gegen die Kirche. Für ihn stand fest: Gott ist eine Erfindung von Menschen, und die christliche Religion dient nur dazu, die Menschen moralisch zu kontrollieren. Diese Kontrolle besteht vor allem in der Androhung von Höllenqualen nach dem Tod, wenn der Gläubige nicht so gelebt hat, wie die Kirche es vorschreibt.

Völlig überraschend bekam mein Freund eine tödliche Krebs-Diagnose. Die letzten Tage seines Lebens verbrachte er in einem Sterbehospiz. Wir hatten nur noch über SMS Kontakt. Ich wollte ihn besuchen und für ihn beten. Aber dann starb er doch schneller als erwartet. Trotz erfolgreicher Operation und Chemo hatte er den Kampf gegen den Krebs verloren.

Auf der Beerdigung hielt der Pfarrer eine Rede. Er erzählte, dass auch mein Freund sich kurz vor dem Tod sich plötzlich Gott und dem Glauben angenähert hat. Es war zu mehreren Gesprächen und sogar zu einem Gebet gekommen. Das hat damals alle überrascht. Einige Gäste auf der Beerdigung konnten das gar nicht glauben. Ich denke: Im Angesicht des Todes werden wir alle gläubig, sogar die Atheisten.

Der Tod macht jedem Menschen Angst. Wir machen uns nur nicht ständig bewusst, dass wir irgendwann sterben müssen. Wir leben so vor uns hin. Der Alltag bestimmt unsere Gedanken. Bis, ja bis dann plötzlich ein Freund stirbt. Oder die Oma. Oder ein anderer naher Verwandter. Auf einmal steht man am Grab, schaut auf den Sarg oder die Urne. Und dann kann man sich gar nicht vorstellen, dass dort nun der Mensch drin sein soll, mit dem man noch vor kurzem gesprochen hat.

Erst recht wird uns das Sterbenmüssen bewusst, wenn wir so eine Diagnose erhalten wie mein Freund. Ja, jeder muss einmal sterben.

Ich bin seit einigen Monaten bei einer Agentur angestellt. Sie heißt »Rent-a-Pastor« und vermittelt pastorale Dienste für Menschen, die aus der Kirche ausgetreten sind. Eine wirklich gute Sache, wie ich finde. Meine erste Buchung kam von einer Frau, deren Ehemann verstorben war. In der großen Friedhofskapelle saßen viele seiner Freunde. Der Verstorbene hatte wohl einen großen Bekanntenkreis. Ich predigte über die Bibelstelle aus dem Psalm 90, Vers 12: »Herr, lass uns erkennen, dass wir sterben müssen, damit wir klug werden.« Ich versuchte den Trauergästen Trost zu spenden und doch die Wahrheit zu erzählen. Wenn jemand stirbt, können wir ihn nicht wieder lebendig werden lassen. Der Tod ist etwas Endgültiges, eine Sackgasse, eine Reise ohne Rückfahrschein. Der Tod stellt eine messerscharfe Grenze dar.

Mir begegnen immer wieder drei Möglichkeiten, wie Menschen mit dem Tod heute umgehen. Die einen beschäftigen sich einfach nicht damit. Sie tun so, als gäbe es ihn gar nicht. Alle Gedanken daran werden verdrängt. Das funktioniert eine Weile. Aber irgendwann holt jeden die Realität ein. Auf einmal lacht uns der Tod an, mit seinem hämischen Gesicht.

Die zweite Gruppe von Menschen hat Angst vor dem Tod. Diese Menschen tun alles, um ihm ein Schnippchen zu schlagen. Sie ernähren sich gesund, machen Sport, trinken viel Wasser. Manche gehen sogar zum Schönheitschirurgen und lassen sich ihre Falten wegoperieren. Denn die Falten erinnern sie daran, dass ihr Körper langsam zerfällt: Mit jedem Tag kommen wir dem Tod einen Schritt näher. Diese Menschen versuchen vor dem Tod wegzulaufen, aber letztendlich schaffen sie es nicht. Neulich hörte ich eine Geschichte von einem Mann, der alles für seine Gesundheit tat. Er ernährte sich nur von Gemüse und Obst. Natürlich Bio-Qualität. Jeden Tag lief er zehn Kilometer, fünf morgens und fünf abends. Dazu trank er 5 Liter Wasser. Trotz seiner 50 Jahre war er körperlich so fit, dass er sogar den Jugendlichen im Dorf davonlief. Beim Marathon in seinem Heimatort belegte er Jahr für Jahr einen der vorderen Plätze. Bis er eines Morgens mitten im Park zusammenbrach. Herzinfarkt, Atemstillstand, Tod. Er hatte es nicht geschafft, dem Tod davonzulaufen. Alle Menschen, die ihn kannten, waren sehr betroffen.

Und dann gibt es drittens noch die vielen Menschen, die sich nach dem Tod sehnen. Für sie scheint der Tod ein letzter Ausweg aus dem Leiden zu sein. Jedes Jahr begehen allein in Deutschland weit mehr als 10 000 Menschen Selbstmord. Eine ungeheuer große Zahl. Der Tod spricht zu diesen Menschen. Er sagt: »Komm zu mir, dann hast du endlich Frieden!« Aber ich glaube, dass diese Stimme lügt. Was passiert eigentlich mit uns, wenn wir tot sind? Die Theologen sind sich in dieser Frage nicht einig. Trotzdem kann man aus der Bibel einige Antworten bekommen. Da ist die Erzählung von Jesus, in der es um den reichen Mann und den armen Lazarus geht. Wir finden sie bei Lukas, im Kapitel 16:

»Es gab mal einen schwerreichen Mann, der trug immer nur die teuersten Klamotten von Armani und lebte im totalen Luxus. Direkt vor seinem Haus wohnte ein Penner, der Lazarus hieß. Lazarus war schwer krank, hatte überall offene Geschwüre und so. Lazarus ernährte sich vom Müll, den er aus der Tonne vom reichen Mann fischte. Um ihn herum lebten Hunde, die oft ankamen und seine offenen Wunden ableckten, wenn er schlief. Schließlich starb der Lazarus und wurde von ein paar Engeln abgeholt, die ihn zu Abraham brachten; an einen Ort, wo alles gut wird. Auch der reiche Mann starb und wurde beerdigt. Als er dann im Totenreich ankam und es ihm dort total ätzend ging, sah er ganz weit weg Lazarus, wie der sich in Abrahams Arme kuschelte. Da brüllte er los: ›Lieber Vater Abraham, bitte hilf mir! Sag doch dem Lazarus, er soll mir nur mal einen Spritzer Wasser vorbeibringen, damit ich wenigstens meine Lippen etwas nass machen kann! Ich leide hier Höllenqualen!‹ Abraham sagte: ›Mein Sohn, hast du schon vergessen, wie gut es dir im Leben ging? Du hattest wirklich alles, was du wolltest, Lazarus hatte aber nichts. Jetzt ist es umgekehrt, ihm geht es gut und dir schlecht. Außerdem ist da ein Riesengraben zwischen uns. Keiner kann da so mal eben rüber, selbst wenn er es wollte. Umgekehrt ist es genauso.‹ – ›Okay, Abraham, aber dann bitte ich dich inständig, Lazarus zum Haus meiner Eltern zu schicken. Ich hab fünf Brüder, und ich möchte nicht, dass sie auch hier landen, an diesem üblen Ort, und sich quälen müssen, wenn sie sterben!‹ Abraham schüttelte den Kopf: ›Die sind schon mehr als genug von Mose und den Propheten gewarnt worden. Wenn sie sich richtig informiert hätten, wüssten sie Bescheid.‹ Der Reiche fing an zu diskutieren: ›Aber, Abraham, wenn sie jetzt einem Toten begegnen würden, der ihnen sagt, was Sache ist, dann würden sie bestimmt ihr Leben ändern!‹ – ›Also, wenn sie auf Mose und die Propheten nicht gehört haben, dann wird sie ein Toter auch nicht überzeugen können.‹«[*]

Aus dieser Geschichte können wir einiges lernen. Zum einen, dass Jesus für die Zeit nach dem Tod von zwei verschiedenen Orten spricht. Der eine ist das Totenreich. Theologen sagen auch »Scheol« oder »Hades« dazu. In diesem Reich geht es den Toten nicht besonders gut. Sie leiden, es ist heiß. Dort zu sein ist sehr unangenehm. Dazu kommt, dass man an diesem schlimmen Ort auch immer einen Blick auf den anderen Ort werfen kann. Und dieser andere Ort ist sehr schön. Dort gibt es Gemeinschaft, man kann sich an andere Menschen rankuscheln, man ist in der Nähe Gottes. Wichtig zu wissen: Keiner will gern im Scheol sein. Auch wenn das viele Leute behaupten. Man hört ja landläufig, dass in der Hölle die großen Partys gefeiert werden, dass es dort wild, aber auch toll sein muss. Die Bibel erzählt uns etwas anders. Das Gegenteil ist der Fall.

Irgendwann vorher oder nachher muss es so eine Art Gerichtsverhandlung geben. Hier kommt alles auf den Tisch. Jeder geheime Gedanke, aber auch jede offene Tat. Es gibt einen gerechten Richter, der sich mit dem Leben auskennt. Er wird ein objektives, faires und gerechtes Urteil über jeden Menschen fällen. Hilfreich ist, wenn man in dem Augenblick einen guten Anwalt hat. Immer wieder lesen wir in der Bibel, dass Jesus als Anwalt für alle Gläubigen auftreten wird. Und er haut uns da raus.

Jesus hat einmal gesagt: »Ich bin die Auferstehung und das Leben. Wer an mich glaubt, wird leben, selbst wenn er stirbt.« (Johannes 11, Vers 25) Damit will er sagen, dass jeder, der sein Vertrauen auf ihn gesetzt hat, nicht an diesen schlimmen Ort kommen wird. Das Vertrauen in Jesus sorgt dafür, dass wir gut durch die Gerichtsverhandlung kommen. Unser Geist wird in einen anderen Zustand transformiert, der für immer weiterleben wird.

Ich finde, das ist eine gigantisch große Hoffnung. Keiner kann hinter den Vorhang des Todes schauen. Wir wissen nicht genau, was dort mit uns passiert. Auch die vielen Nahtoderfahrungen, von denen man immer wieder liest, sind nicht verlässlich. Denn die Berichte sind zum Teil völlig widersprüchlich. Einige sagen, sie waren sofort in einer Art Himmel, auch wenn sie niemals zuvor an Gott geglaubt haben. Andere, teilweise ganz fromme Menschen, befanden sich plötzlich an einem Ort, den sie als Hölle bezeichnen würden. Ich denke, dass jemand, der klinisch tot war, von den körpereigenen Dopaminen so zugedröhnt wird, dass die eigene Wahrnehmung getrübt ist.

Jesus ist der einzige Mensch, von dem berichtet wird, dass er drei Tage tot war und dann wieder zum Leben kam. Und zwar aus eigener Kraft, ohne Hilfe von Ärzten. Christen glauben, dass er damit ein für alle Mal bewiesen hat: Gott ist stärker als der Tod. Der Tod konnte Jesus nichts anhaben, er konnte ihn nicht festhalten.

Im Römerbrief Kapitel 6 schreibt Paulus dazu: »Wir sind davon überzeugt: Wenn wir mit Jesus gestorben sind, dann werden wir auch mit ihm zusammen leben. Wir wissen, dass Jesus Christus tot war und dann wieder lebendig geworden ist. Er hat den Tod besiegt und wird nie mehr sterben. Der Tod hat gegen ihn verloren, für immer.« (Verse 8 und 9) Das bedeutet doch: Dieser Tod, den Jesus damals gestorben ist, hat auch etwas mit uns zu tun. Er hat dem Tod, der die Menschheit so lange unterdrückt und gefangen gehalten hatte, ein für alle Mal die Macht genommen. Mich macht das sehr gelassen. Ich habe mich wirklich dem Tod gestellt. Mir ist sehr bewusst, dass ich einmal sterben werde. Dieses Wissen sorgt dafür, dass ich das Leben umso mehr genießen kann. Jeden Tag. Es ist eine große Sache, leben zu dürfen, und ich bin wirklich dankbar dafür. Ich habe mir das nicht verdient, ich habe mich noch nicht einmal dazu entschlossen. Leben ist ein Geschenk.

Aber selbst wenn ich eines Tages dem Tod gegenüberstehe, hab ich keine Angst vor ihm. Denn ich kann glauben, dass meine Beziehung zu Jesus mich vor dem ewigen Tod retten wird. Ich werde durch die Gerichtsverhandlung durchkommen, weil Jesus mein Anwalt ist. Egal, wie schlimm die Anklagen auch sein werden, und da wird einiges zusammenkommen, aber am Ende wird ein Freispruch stehen. Mein Freispruch.

Und selbst wenn ich mal wieder die süßliche Stimme des Todes hören sollte. Die Stimme, die mir sagt, ich könnte mir doch selbst das Leben nehmen. Die mir vorlügt, dass ein Freitod die Lösung aller Probleme sein würde. Dann weiß ich, dass Jesus stärker ist als diese Stimme. Er hat damals den Tod besiegt. Und er wird es auch heute tun. Jesus kann aus der dunkelsten Situation etwas Neues erschaffen. Sein zweiter Name ist Leben. Und dieses Leben will ich haben. Heute, hier und jetzt.

Kurzgefasst:

Der Tod ist eine reale Bedrohung.
Aber Jesus ist stärker,
er hat den Tod besiegt.

Bibelstellen:

Lukas 16,19–31; Johannes 11,25;
Römer 6,8–9

Gebet:

»Jesus, danke, dass ich keine Angst
vor dem Sterben haben muss.
Und danke, dass du stärker bist
als alle Todessehnsucht in mir.«

Beten?
Wie geht das?

4 Uhr morgens – für mich liegt diese Uhrzeit irgendwo zwischen »Gut und Böse«. Bin ich die ganze Nacht wach gewesen, habe gearbeitet oder war auf einer langen Party, dann ist 4 Uhr so eine Art Wendepunkt. Ich schaue auf das Handy, ein Stöhnen, ein Durchatmen: »Was? Schon vier Uhr?« Und dann die logische Frage: »Lohnt es sich noch, ins Bett zu gehen? Oder sollte ich besser durchmachen?« Manchmal wache ich aber auch einfach gegen 4 Uhr auf. Ich wälze mich im Bett. Und dann weiß ich nicht: Schon aufstehen? Oder besser weiterschlafen? Selbst im dunkelsten Kiez machen viele Szenekneipen um diese Uhrzeit zu. Bis 3 Uhr bleiben die Gäste noch, aber um 4 Uhr gehen die Leute nach Hause. Sogar am Wochenende.

Die folgende Geschichte ist wohl auch gegen 4 Uhr passiert. Jesus war mit Petrus, Jakobus und Johannes nachts in einem Park unterwegs. Er wusste, was ihm bevorstand: Verhaftung, Folter, Tod. Es gab nur eine Sache, die er in dieser Situation noch tun wollte: beten.

Das Gespräch mit Gott gab ihm offensichtlich Kraft. Hier konnte er auftanken. Es brachte Hoffnung und Weitblick. Es sorgte für Power und Mut. Es war nötig, damit er das tun konnte, was Gott von ihm wollte. Wir können diese Geschichte im Matthäusevangelium, im Kapitel 26, Vers 36 bis 46, lesen:

Jesus ging in einen Park, der Gethsemane hieß. »Setzt euch«, sagte er, »aber haut nicht ab, sondern wartet auf mich!« Nur Petrus, Jakobus und Johannes nahm er mit. Jesus bekam plötzlich Angst. Er sagte zu ihnen: »Mann, das ist echt alles total hart für mich, ich kann das kaum aushalten! Bitte lasst mich jetzt nicht alleine!« Ein paar Schritte weiter warf sich Jesus auf den Boden und rief zu Gott: »Vater! Wenn es irgendwie geht, dann sorg doch dafür, dass ich das alles nicht durchmachen muss! Aber am Ende soll nicht das passieren, was ich will, sondern das, was du willst!« Nach einiger Zeit ging er wieder zu seinen drei Freunden zurück und musste feststellen, dass sie alle eingepennt waren. Er klopfte Petrus auf die Schulter, um ihn aufzuwecken: »Hey, könnt ihr nicht eine einzige Stunde mit mir wach bleiben? Haltet durch und pennt nicht ein, sonst werdet ihr die nächsten Tage auch nicht packen. Ihr seid ja eigentlich nicht schlecht drauf, aber nur mit eurer eigenen Kraft packt ihr das nie und nimmer! Auch wenn man es wirklich will, sind die körperlichen Kräfte sehr begrenzt.« Jesus ging wieder weg, weil er weiterbeten wollte: »Papa, wenn ich durch diese ganzen Schmerzen wirklich durch muss, wenn du das wirklich willst, dann ist das okay für mich, dann werde ich es tun!« Als er zurückkam, waren seine Leute schon wieder am Schlafen, weil sie einfach total müde waren. Er ging noch mal weg und sagte Gott zum dritten Mal dasselbe. Schließlich kam er zurück und weckte alle auf: »Genug geschlafen. Es ist Zeit. Jetzt wird der Menschensohn, der Auserwählte Gottes, an die Menschen ausgeliefert, die ohne Gott leben. Aufstehen, lasst uns losgehen! Der Typ, der mich verraten wird, ist auch schon da!«[*]

Eine lange Geschichte. Aber was nun folgt, wurde zum Wendepunkt der Weltzeit. Jesus erfüllte seine Aufgabe, die

Gott ihm gegeben hatte. Es war nicht leicht für ihn, es hat ihn alles gekostet. Um das zu tun, was er getan hat, brauchte es einiges. Ich denke, dieses Gebet im Park war vermutlich die wichtigste Gebetszeit seines ganzen Lebens. Ohne dieses Gebet hätte er vielleicht nicht das durchstehen können, was anschließend auf ihn zukam.

An dieser Uhrzeit – 4 Uhr morgens – ist generell nichts Heiliges. Doch sich einen gewissen Abschnitt jeden Tag für das Gespräch mit Gott zu nehmen, das hat sich für viele Christen als gut herausgestellt. Es geht um eine Stunde, vielleicht auch 45 Minuten oder nur 15. Eine überschaubare Zeit allein sein mit Gott, das kann eigentlich jeder schaffen. Und doch machen es viele nicht.

Als ich mit 18 Jahren zum Glauben kam, erzählte mir mein erster christlicher Freund, dass ich ab sofort jeden Tag »stille Zeit« halten solle. Das wäre wichtig, sonst könnte mein Glaube sterben. Ich konnte mit dem Begriff »stille Zeit« nicht viel anfangen. Was soll an dieser Zeit denn so still sein? Muss ich stillsitzen, so wie damals in der Schule? Da ich aber nicht wollte, dass mein Glaube stirbt, hab ich es versucht. Ich traf mich regelmäßig mit diesem Freund, und er brachte mir bei, wie man eine Stunde gut füllen kann. Im Laufe der Jahre habe ich herausgefunden, dass Druck und Disziplin in dieser Sache für mich nichts bringen. Es motiviert mich nicht, es macht das Beten nur anstrengend. Aber der Zeitrahmen von 45 Minuten bis zu einer Stunde, damit komme ich gut klar.

Ich glaube auch, dass Gott sehr flexibel mit uns umgeht. Da gibt es Tage, wo es einfach passt. Ich habe die Zeit, den Raum und kann sofort loslegen. Eigentlich gehen nie 24 Stunden vorbei, an denen ich nicht wenigstens einmal kurz gebetet habe.

Übers Beten habe ich bereits ausführlich gesprochen. Aber ich finde, das Thema ist so wichtig, dass ich hier gegen Ende des Buches noch einmal einige besondere Formen des Gebets vorstellen will. Vielleicht kann es dich inspirieren, mehr über das Beten nachzudenken. Es geht hier schließlich um eine große Sache. Es lohnt, sich mit dem Thema intensiv zu beschäftigen. Doch Beten kostet auch was. Von Natur aus mag der Mensch nicht beten. Er muss es sich vornehmen, er muss sich dazu entschließen, es braucht etwas Willenskraft. Aber wenn er es tut, kann es zur kostbarsten Zeit des Tages werden.

Hier drei unterschiedliche Modelle, die zeigen, wie du eine längere Gebetszeit gestalten kannst.

Das erste Modell stammt von einem amerikanischen Prediger mit dem Namen Larry Lea. Im zweiten und dritten Modell möchte ich eine wirklich krasse Gebetsform vorstellen, die versucht, dem biblischen Anspruch gerecht zu werden, jederzeit zu beten. Natürlich gibt es noch weit mehr Möglichkeiten, das sind jetzt nur Vorschläge. Aber diese drei Methoden habe ich alle selber ausprobiert. Es handelt sich also nicht nur um Theorien. Sie funktionieren wirklich!

Der erste Vorschlag (die Methode von Larry Lea): Lea hatte selbst über viele Jahre versucht, ein befriedigendes Gebetsleben aufzubauen, aber er scheiterte jedes Mal. Entweder war es zu religiös oder zu liturgisch oder beides. Auf der Suche nach einem geeigneten Konzept, um nur eine Stunde am Tag zu beten, stieß er auf das »Vaterunser«. Der Ursprung dieses Gebets geht direkt auf Jesus zurück. Er brachte es seinen Schülern bei, als die ihn baten: »Herr, lehre uns beten!« Wir können das Vaterunser in den Evangelien der Bibel in zwei unterschiedlichen Versionen finden. Die geläufigste Version findet sich im Matthäusevangelium im Kapitel 6, Vers 9 bis 13. Mit Sicherheit ist es das bekannteste Gebet der Welt. Es gehört zum Pflichtprogramm in jedem Konfirmanden- und Kommunionunterricht. Lea stellte fest, dass in diesem Gebet eigentlich alles vorhanden ist, was eine gute Gebetszeit ausmacht. Er unterteilte das Vaterunser in sieben unterschiedliche Abschnitte.

Das Gebet beginnt mit den Worten: »Unser Vater im Himmel.« Lea schlägt vor, dass man diesen Teil nutzt, um sich an das Verhältnis Gottes zu uns zu erinnern. Gott ist unser Vater, und er ist ein guter Vater. Er ist anders als unser weltlicher Vater. Gott sitzt im Himmel und hat von dieser Position aus den Überblick über unser Leben. Man kann unter dieser Überschrift einige Zeit beten. Zum Beispiel wäre es möglich, Gott zu danken, dass er vom Himmel aus regiert. Dass er alles im Blick hat. Man kann sich daran erinnern, dass Gott über den Dingen steht.

Im nächsten Abschnitt geht das Vaterunser in eine Form des Dankes und des Lobpreises über: »Dein Name werde geheiligt.« Jetzt sollen wir Gott für die konkreten Dinge danken, die er in unserem Leben getan hat. Lea sieht diesen Part als eine Art der Anbetung Gottes. Man heiligt einen Namen, indem man ihn anbetet. Dabei kann man alle Namen Gottes, die in der Bibel vorkommen, einzeln bedenken. So wird Gott zum Beispiel an einer Stelle »Jahwe Jireh« genannt. Das bedeutet »Gott versorgt mich«. Hier kann man Gott also konkret für das danken, was wir haben. Für den Job, die Wohnung, den vollen Kühlschrank. Insgesamt kennt die Bibel acht unterschiedliche Namen Gottes. Dieser Abschnitt kann auch einige Zeit in Anspruch nehmen.

»Dein Reich komme, dein Wille geschehe« ist dann ein Teil, bei dem man sich Gott hingeben kann. Das, was Gott will, soll im eigenen Leben passieren. Aber auch in den Freundschaften, den Beziehungen, im Beruf und in der Ehe. Genauso in der Gemeinde, in der Kirche oder in einem christlichen Werk. Gott kann dies nur tun, wenn wir uns ihm auch vollständig hingeben.

»Unser täglich Brot gib uns heute.« Nun können wir Gott konkret um Dinge bitten, die wir zum alltäglichen Leben brauchen. Also Nahrung, Kleidung, aber auch einen Job, eine Wohnung, Freunde, Gesundheit.

»Und vergib uns unsere Schuld, wie auch wir vergeben unseren Schuldigern.« Hier geht es um das Thema Schuld. Wir können überlegen, gegen wen wir gesündigt haben, und Gott um Vergebung bitten. Es bietet sich auch die Gelegenheit, Menschen zu vergeben, auf die man noch böse ist.

»Und führe uns nicht in Versuchung, sondern erlöse uns von dem Bösen.« Hier schlägt Lea vor, sich gedanklich gegen Angriffe von der dunklen Seiten zu bewaffnen. Der Beter soll sich dazu die Verse aus dem Epheserbrief im 6. Kapitel als Vorlage nehmen, wo von der sogenannten Waffenrüstung Gottes die Rede ist. Hier werden einzeln Waffen des Glaubens genannt, die man sich vergegenwärtigen soll.

Der letzte Satz im Vaterunser: »Denn dein ist das Reich und die Kraft und die Herrlichkeit in Ewigkeit«, soll zu einer Art Bekenntnis überleiten. In diesem abschließenden Teil kann der Beter seinen Glauben an Gott bekennen. Gott hat die Kraft. Er steht über dem ganzen Universum, er ist Gott. Mit diesem Lobpreis kann dann diese etwa einstündige Gebetszeit zu Ende gehen.

Mir hat dieses Modell sehr geholfen, eine Stunde im Gebet mit Gott zu verbringen. Es ist eine kraftvolle Form, die man immer und überall einsetzen kann. Bestimmt über zehn Jahre habe ich täglich so gebetet. Bis ich dann eines Tages das Gefühl hatte, Gott wollte mich zu einer anderen Form des Gebets führen.

Diese zweite Methode beginnt mit einer etwas verrückten Geschichte. Ich habe sie am Anfang des Buches bereits kurz vorgestellt und bin auf diese Gebetsform durch einen lustigen Zufall gestoßen. Kurz nach der Geburt meiner Tochter war ich sehr oft mit ihr unterwegs – sie lag dann im Kinderwagen. Da Babys in dem Alter die meiste Zeit

schlafen, habe ich mir eine Methode ausgedacht, um mir dann eine Predigt anhören zu können. Ich nenne diese Methode »Predigtroulette mit dem Heiligen Geist«. Und sie ist natürlich nicht ganz ernst gemeint. Dazu bete ich: »Heiliger Geist, bitte zeig mir jetzt ein Predigtwort!« Dann warte ich eine Zeit. Das erste Wort, das mir in den Sinn kommt, google ich mit meinem Smartphone. Kommt zum Beispiel »Liebe«, google ich »Liebe Predigt mp3«. Kommt »Freund«, google ich »Freund Predigt mp3«. Den ersten Treffer höre ich mir dann an. Eines Tags kam mir bei meinem Predigtroulette das Wort »Arne« in den Sinn. Ich googelte also nach »Arne Predigt mp3« und bekam einen Treffer. Es war die Predigt von einem Hamburger Arzt. Arne berichtete, dass er die Bibel so ernst wie möglich nehmen will. So kam er auf die Bibelstelle, in der Paulus schreibt, ein Christ solle »allezeit beten«. Da er sich dachte, »allezeit« könnte alle 10 Minuten bedeuten, besorgte er sich eine Armbanduhr mit Vibrationsalarm. Er stellte die Uhr so ein, dass sie alle 10 Minuten an seinem Arm vibrierte. Und dann betete er. Oft nicht laut, sondern nur in den Gedanken, denn tagsüber war er ja in der Praxis tätig. Nach einiger Zeit stellten sich bei ihm richtige Wunder ein. Patienten wurden auf ein Gebet hin gesund. Aber auch von einer großen Schuldenlast wurde er wie durch ein Wunder befreit. Nachdem ich diese Predigt gehört hatte, war eins klar: Ich muss so eine Uhr haben!
Später fand ich heraus, dass es tatsächlich sogar zwei Bibelstellen über diese Form des Gebets gibt. Die eine steht im 1. Brief an die Thessalonicher in Kapitel 5, Vers 17. Hier fordert Paulus die Gemeinde auf: »Betet immerzu!« Die zweite ist sogar von Jesus selbst, wo er in einem Gleichnis seinen Leuten erzählt, sie sollten »allezeit beten und nicht nachlassen« (Lukas 18,1).
Schließlich betete ich fast ein halbes Jahr mit dieser Uhr. Dabei wollte ich noch etwas radikaler sein als Arne. Ich

stellte meinen Vibrationswecker auf alle sieben Minuten. In dieser Zeit habe ich einiges mit Gott erlebt. Es würde dieses Kapitel sprengen, wollte ich von allen Erlebnissen berichten. Ich kann auf jeden Fall empfehlen, es einmal für eine begrenzte Zeit zu probieren. Aber es ist bestimmt nicht gut für jedermann, denn die ständige Vibration am Armgelenk kann mit der Zeit höllisch nerven.

Dennoch: Diese Übung hat auch dazu beigetragen, dass ich heute oftmals den ganzen Tag über mit Gott im Gespräch bin. Auch ohne dass es ständig an meinem Arm vibriert. Immer wenn ich einen Gedanken frei habe, versuche ich ein Gebet zu Gott zu schicken. Nur noch um 12 Uhr mittags vibriert die Uhr. Dann nehme ich mir noch einmal ganz bewusst Zeit fürs Beten.

Mein dritter Vorschlag ist das sogenannte Herzensgebet. Das Jesusgebet oder Herzensgebet hat eine uralte Tradition. Besonders in den orthodoxen Kirchen ist es weit verbreitet. Mittlerweile beten aber auch viele Christen aller Konfessionen in Deutschland dieses alte Gebet. Eigentlich ist es mehr eine Meditation als ein Gebet. Es soll in Gedanken durchgehend neben dem Alltagsgeschehen gesprochen werden. Orthodoxe Christen nehmen eine Art Rosenkranz hinzu. Jede Perle dieses Kranzes soll sie an ein neues Gebet erinnern. Die Worte des Herzensgebets unterscheiden sich je nach Tradition voneinander. Es ist eine Kombination aus einer Anrede und einer Bitte. »Herr Jesus Christus« oder »Jesus Christus, Sohn Gottes« oder nur »Jesus« ist die Anrede. Die Bitte folgt dann mit den Worten »erbarme dich meiner« oder »steh mir bei« oder »sei meine Rettung«. Es soll versucht werden, diese Worte mit der Atmung zu kombinieren. Also »Herr Jesus« (einatmen), »Sohn Gottes« (ausatmen), »erbarme dich meiner« (einatmen). Wenn man diese Meditation über viele Wochen und Monate ständig wiederholt, brennt sich das Gebet in das Bewusstsein ein. Wacht man nachts auf, ist die erste bewusste Reaktion, »Herr Jesus Christus …« zu beten. Ich habe diese Methode einige Monate ausprobiert und bete das Jesusgebet immer mal wieder zwischendrin. Zum Beispiel wenn ich in der Bahn sitze oder auch im Urlaub am Strand liege.

Das Gebet kann eine große Kraftquelle im Leben eines Christen sein. Jesus hat viel gebetet. Beten war ihm wichtig. Und gerade in der Zeit, als er bedroht wurde, hat ihm das Gebet Halt gegeben. Wir sollten uns auf den Weg machen, das Beten von Gott zu lernen. Wenn du Wunder in deinem Leben sehen willst, dann kommst du an dieser Lektion nicht vorbei. Sicher gibt es noch mehr Methoden als diese drei, die ich hier vorgestellt habe. Welche du wählst, spielt keine Rolle. Wichtig ist allein, dass du dich aufmachst und sagst: »Herr, lehre mich beten!«

Kurzgefasst:

Beten ist eine große Sache. Es kann eine Kraftquelle
für den Tag sein. Es gibt drei erprobte Modelle,
die dir helfen können, regelmäßig zu beten:
das Vaterunser-Konzept von Larry Lea,
das Allezeitbeten und das Herzens- oder Jesusgebet.

Bibelstellen:

Matthäus 6,9–13; Matthäus 26,36–46;
Lukas 18,1

Gebet:

»Gott, bring mir bei, wie ich beten kann.«

Wohin mit dem Seelenmüll?

Als kleines Kind wurde ich jeden Dienstag gegen 5 Uhr ziemlich unsanft geweckt. Vor dem Haus hörte ich ein tiefes Motorengeräusch. Dann erklang ein lautes Brummen, gefolgt von lautem Klacken und Plumpsen. Die Müllabfuhr war da, um unsere Abfälle abzuholen. Jede Woche kamen die Herren in den orangefarbenen Anzügen vorbei und nahmen unseren Müll mit. Später am Tag wurden die Abfälle dann auf einen großen Müllberg vor die Stadt gebracht und entsorgt. Aus den Augen, aus dem Sinn. So praktisch.

Weltweit werden jedes Jahr 1 240 000 000 Tonnen Haushaltsmüll produziert. Man rechnet, dass ein durchschnittlicher Deutscher im Jahr 450 Kilogramm Müll verursacht. Zum Glück haben wir eine gut funktionierende Müllindustrie. Mittlerweile stehen fast überall vor den Häusern unterschiedlich farbige Mülltonnen für unterschiedliche Arten von Müll. Ein guter Teil des Mülls wird auch nicht mehr auf Müllbergen gelagert, sondern aufbereitet und wiederverwertet.

Wir wissen also so ungefähr, was mit unserem Hausmüll passiert. Um diese Uhrzeit möchte ich aber einmal eine andere Frage stellen: Was machen wir eigentlich mit unserem Seelenmüll? Im Laufe der Jahre fallen auch hier einige Tonnen an. Fehler, die wir begehen und die wie Steine auf unserer Seele lasten. Manchmal fühlen sie sich sogar so schwer wie ein Betonklotz an. Dreck, der unser Innerstes zuklebt. Wir haben uns in diesem Buch bereits mit dem Thema »Sünde« beschäftigt.

Ich stelle bei mir fest, dass es auch für einen gläubigen Christen immer wieder Situationen gibt, in denen ich festsitze. Das Leben fühlt sich dann nach Krise an. Es kommt unter die Räder. Es wankt und wackelt überall. Der Sturm des Lebens wird zu einem Orkan. Die Wellen schlagen hoch, man droht unterzugehen. Von diesen Situationen gab es in meinem Leben einige. Und nicht nur mir, vielen meiner Freunde geht es so.

Es gibt in der Bibel eine interessante Geschichte, die mir in dieser Frage immer wieder geholfen hat. Sie steht in Matthäus, Kapitel 14, Verse 22 bis 33:

Nach diesem Essen meinte Jesus zu seinen Leuten, sie sollten jetzt in das Boot steigen, um ans andere Ufer zu fahren. Als er die Menschen weggeschickt hatte, hatte er Lust, noch ein wenig allein mit Gott zu reden. Dazu ging er dann gegen Abend auf einen kleinen Berg in der Nähe. Seine Freunde fuhren auf dem See, als plötzlich ein ganz derber Sturm aufkam. Sie bekamen ziemlichen Schiss, es war starker Gegenwind, und sie drohten zu kentern. So gegen vier in der Nacht kam ganz plötzlich eine Gestalt auf dem Wasser auf sie zu: Jesus! Als seine Leute Jesus da gehen sahen, ging der Punk erst richtig ab, sie hatten voll die Angst und dachten, es wäre ein Geist oder irgend so was. Aber Jesus beruhigte sie gleich und rief ihnen zu: »Hey Jungs, keine Panik! Ich bin es doch nur!« Petrus war total geplättet. Er rief zurück: »Jesus, bist du's wirklich?! Dann sag mir, dass ich jetzt auch zu dir aufs Wasser kommen soll!« Jesus sagte nur: »Komm her!« Gesagt, getan, Petrus stieg aus dem Boot aus, und das Unglaubliche passierte: Er konnte tatsächlich auf dem Wasser zu Jesus gehen. Plötzlich bemerkte Petrus aber die großen Wellen, die um ihn herum waren. Er verlor Jesus aus dem Blick und bekam plötzlich voll die Panik. »Hilfe, Jesus, ich ertrinke!«, schrie er und ging unter. Jesus ging schnell zu ihm hin, packte seine Hand und zog ihn aus dem Wasser raus. Er sagte dann zu Petrus: »Hast du so wenig Vertrauen, Petrus? Ich hab's dir doch gezeigt! Mir kannst du echt glauben!« Beide gingen dann zusammen zum Boot. Sobald sie an Bord waren, verschwand der Wind von selber. Die anderen waren alle schwer beeindruckt, knieten sich vor Jesus hin und sagten: »Ganz sicher, du bist wirklich Gottes Sohn!«[*]

Vielleicht kennst du den Spruch: »Wir sitzen alle in einem Boot.« Er klingt fast philosophisch. Damit kann ich etwas anfangen.

Die Welt ist das Meer, auf dem wir dahintreiben. Einige steuern ihr Boot ganz zielstrebig auf einen bestimmten Hafen zu. Sie wissen, wo sie landen wollen, haben konkrete Pläne und Ziele. Andere wiederum lassen sich treiben. Sie nehmen das Ruder nur gelegentlich in die Hand. Die meiste Zeit bestimmen die Umstände ihren Kurs. Mal kommt der Wind von rechts, mal kommt der Wind von links. Und manchmal auch von vorn. Mehr schlecht als recht schippern sie jeden Tag auf dem Meer dieser Welt vor sich hin.

In ihrem Boot kennen sie sich mittlerweile sehr gut aus. Sie wissen, wo die Kajüte ist, wenn sie mal etwas Ruhe brauchen. Auch der Ort, wo der Rettungsring liegt, ist bekannt. Mancher fährt mit vollen Segeln übers Meer, sein Leben hat richtig Fahrt aufgenommen, er macht einige Meilen in der Stunde. Andere wiederum haben das Gefühl, sie steuern ständig gegen den Wind. Es ist mühsam, anstrengend und kräftezehrend, solch eine Fahrt auf dem Meer des Lebens.

Vermutlich würden sie immer weiter in diesem Boot bleiben. Es gibt ja keinen Grund, seine Sicherheiten zu verlassen. Bis jetzt hat dort alles ganz gut funktioniert. Doch dann kommt das Boot plötzlich in eine Situation, die alles verändert! Ein Sturm kommt auf! Die Wellen schlagen immer höher! Eine große Krise ist da. Vielleicht plötzliche Arbeitslosigkeit. Oder eine Beziehungskrise. Oder eine sehr schwere Krankheit. Mancher Sturm ist lebensbedrohlich.

Plötzlich wird einem klar, wie unsicher das eigene Boot doch ist. Dinge, die bei kleinen Wellen noch funktioniert haben, funktionieren jetzt nicht mehr. Das Bier am Wochenende, die Gespräche mit der Freundin, sogar die Therapie, nichts scheint mehr wirklich zu helfen. Es wird immer heftiger, der Angstpegel steigt. Plötzlich schaut man vielleicht zum ersten Mal bewusst über den Rand des eigenen Bootes hinaus. Man blickt sogar zum Himmel und fragt: »Gibt es diesen Gott dort vielleicht? Kann er mir jetzt helfen? Hallo! Ich gehe gerade unter!«

Und plötzlich kommt einem Jesus auf dem Wasser entgegen. Man bekommt ein Buch geschenkt, in dem es um diesen Jesus geht. Oder man trifft einen alten Freund, der einem vom Glauben an Gott erzählt. Oder man kommt ganz plötzlich an einer Kirche vorbei. Du gehst hinein, setzt dich auf eine Holzbank und fragst: »Sollte ich vielleicht einmal beten?« Und du überlegst, ob Gott jetzt da ist.

Dabei ist dieser Jesus immer da gewesen. Doch oft hören wir sein Rufen erst, wenn wir im Sturm sind. Wenn unser Leben gerade schiefläuft und wir von den Problemen erdrückt werden. Wenn die wissenschaftlichen Methoden versagen und wir nicht mehr weiterwissen. Plötzlich erklingt eine Stimme, die uns sagt: »Komm zu mir! Komm heraus aus deinem Boot! Glaube mir! Das Wasser trägt dich!«

Das Problem ist, dass viele Menschen in ihrem Boot sitzen bleiben, bis sie darin ertrinken. Sie trauen sich nicht zu glauben, es erscheint ihnen zu riskant. Sie verlassen sich lieber auf die Wissenschaft oder auf die eigene Erfahrung als auf den Glauben an Gott. Andere begehen einen anderen Fehler. Sie machen nichts Halbes und nichts Ganzes. Mit einem Bein stehen sie zwar im Wasser, aber mit dem anderen bleiben sie in ihrem Boot. Sonntags versuchen sie ein Christ zu sein, aber den Rest der Woche leben sie ohne Gott. Doch das funktioniert auch nicht. Glauben heißt, auf dem Wasser zu gehen. Und gehen kann man nur mit beiden Beinen.

Vielleicht hast du Freunde, die dir immer wieder sagen, dass es wirklich funktioniert. Das Wasser hält, es trägt dich. Glaube funktioniert, Gott hilft dir im Sturm, er kann dich retten. Vielleicht erinnerst du dich an das Buch, in dem das beschrieben wurde. Freunde haben dir Positives erzählt, Freunde, die das Boot bereits verlassen haben. Sie berichten dir immer wieder, dass das Wasser wirklich trägt, dass Glaube funktioniert. Vielleicht hast du sogar schon einen Glaubenskurs besucht, in deiner Gemeinde oder anderswo. Eventuell bist du auch konfirmiert worden oder hast Erstkommunion gefeiert.

Aber wenn du ehrlich bist: Auf dem Wasser gehst du noch nicht! Gott spielt sich in deinem Kopf ab, aber nicht in deinem Herzen. Du hast dich ihm nie ganz hingegeben.

Es gibt nur einen Weg. Du musst das Boot verlassen. Du musst dich mit ganzem Herzen Gott anvertrauen. Ein Freund von mir sagte immer: »Ein halber Christ ist ein ganzer Unsinn.« Und ich glaube, er hat recht.

Das ist mit Sicherheit ein heftiger Schritt. Die alten Sicherheiten zu verlassen, die so beruhigend waren. Aber dieser Schritt lohnt sich. Jesus ruft dich. Er ruft jeden Menschen zu sich, weil er uns so sehr liebt. Er möchte mit uns leben, in uns leben, mit uns über das Meer gehen. Aber es gibt nur einen, der dich dazu bringen kann. Und das bist du selbst.

Niemand kann dir diese Entscheidung abnehmen. Deine Eltern nicht. Dein Partner nicht. Und dein Pfarrer auch nicht. Du selbst musst dich dazu entschließen.

Petrus verlässt das Boot. Er beginnt auf dem Wasser zu gehen. Was für ein großes Abenteuer! Und das ist es wirklich! Mit Gott zu leben bedeutet: Nichts ist unmöglich! In jedem gläubigen Menschen steckt Dynamit. Er kann die Welt mit Gottes Kraft verändern. Glaube kann Berge versetzen, Wunder bewirken, Mauern zum Einsturz bringen, ist das nicht irre?

Dabei ist klar: Als Christ fliegt man nicht ständig auf einer Wolke umher. Sicher gibt es Zeiten, in denen man nur Schritt für Schritt auf dem Wasser vorankommt. Es wird auch passieren, dass einen die Wellen plötzlich bedrohen. Dass man auf einmal beinahe untergeht, im Meer dieser Welt.

Aus unserer Geschichte kann man noch etwas Gutes herauslesen. Solange Petrus Jesus im Blick hatte, war alles in Ordnung. Er konnte auf dem Wasser gehen, der Glaube hat funktioniert. Aber dann wurde sein Blick abgelenkt. Plötzlich musste er auf die großen Wellen schauen, die ihn überall umgaben. Bestimmt schossen Petrus solche Gedanken durch den Kopf wie: »Was mache ich hier überhaupt? Das ist doch religiöser Wahnsinn! Das geht doch gar nicht, man kann nicht auf dem Wasser gehen!« Die Wellen um uns herum fordern unsere Aufmerksamkeit. Sie bedrohen uns und unseren Glauben. Sie wollen, dass wir Angst vor ihnen bekommen. Petrus wäre fast untergegangen.

Aber dann kam Jesus. Er packte ihn, zog ihn aus dem Wasser. Das sagt mir: Jesus ist da. Ich brauche keine Angst zu haben. Wenn ich in Gefahr komme, wenn ich es im Glauben mal nicht packe, wenn ich drohe unterzugehen, dann ist er schnell genug. Jesus kann mich immer retten. Das ist seine Profession. Er liebt es, Retter zu sein.

Und jetzt komme ich wieder zum Anfang zurück. Jeder kennt das. Immer wieder zieht uns auf dem Meer des Glaubens etwas hinunter. Müllsäcke voller Schrott. Dieser Lebensmüll ist eine Belastung, eine Last. Es fällt schwer, mit dieser Last zu leben, geschweige denn auf dem Wasser zu gehen. Es geht um Dinge, die falsch gelaufen sind, wo du Mist gebaut hast, etwas, dass dir jetzt wie ein Betonklotz am Bein hängt.

Und das ist die Sache, die ich dir am Schluss dieses Buches noch mitgeben will.

Jesus kann dir diese Last abnehmen. Er ist für unseren Müll gekommen. Du musst nur bereit sein, dich von deinem Müll auch zu trennen. Er kann dich davon befreien. Bei Matthäus in Kapitel 11, Vers 28 steht ein sehr tröstlicher Satz von Jesus: »Kommt alle her zu mir. Ich nehme euch eure ganzen Sorgen und Probleme ab!« Jesus ruft uns immer wieder auf, zu ihm zu kommen. Da, wo er ist, können wir unseren Müll abladen. Die Dinge, die uns belasten und runterziehen, sind bei ihm am allerbesten aufgehoben. Und egal, wie viel von diesem Schrott du dir selbst aufgeladen hast oder jemand anderer. Du kannst alles bei ihm loswerden. Jesus ist die große Müllabfuhr für die gesamte Menschheit. Auf dem Müllberg Golgatha ist noch viel Platz.

Verlasse dein Boot und gehe mit Gott auf dem Wasser. Das kann eine total neue Erfahrung für dein Leben werden. Und wenn du dieses Boot schon hundertmal verlassen hast und hundertmal zurückgeschwommen bist, dann ist das doch egal.

Jesus ruft dir heute zu: »Komm her! Das Wasser trägt dich! Vertraue mir!« Bei ihm können wir unsere Seele sauber machen. Bei ihm kann man den Schrott des Lebens abladen. Alles, was dich runterzieht, was dich immer wie-

der unter das Wasser gezogen hat. Er kann damit umgehen, und er wird es richtig entsorgen. Er weiß, wie das
geht.

Kurzgefasst:

Glauben bedeutet, auf dem Wasser zu gehen.
Sünden, die wir tun, sind wie Steine an unseren
Beinen – sie ziehen uns in die Tiefe.
Gott kann den Müll unseres Lebens entsorgen.
Jesus ruft jedem zu: Verlass dein Boot,
komm mir entgegen!

Bibelstelle:

Matthäus 11,28; Matthäus 14,22–33

Gebet:

»Jesus, ich will ab heute mein Boot verlassen.
Ich habe gehört, dass du mich rufst,
und ich will deinem Ruf folgen.
Vergib mir den Mist, der mich belastet,
und nimm mir meinen Müll ab.
Dann kann auch ich im Glauben gehen.
Dir entgegengehen. Amen.«

Dank

Ich danke:
Meiner Frau Rahel für ihre Anmerkungen und Korrekturen – und für ihre Geduld.
Meiner Agentin Bettina Querfurth; die Idee zu diesem Buch haben wir im Gespräch miteinander entwickelt.
Meinen Facebookfreunden fürs Gegenlesen:
Mandy Jesuspunk, Tobias Pusch, Achim Schellenberg, Björn Kroll, Michael Sachs, David Huchler, Caroline Beyer, Ilona Tempel, Alexander Straub, Kirsten Kemmerer, Michael Pfeiffer, Wolfgang Günther, Daniel Kopp, Anja Lerz, Detlef Guderian, Petra Ellmers, Holger Wies, Bernd G. Wolf, Jenny Magnusson, Ellen Pilz, Jule Saalbach, Claudia Stein, Petra Ellmers, Felix Kolbow, Patrick »Pako« Kothen, Samuel Reinig, Sandra Kretschmer, Nicole Timm, Simon-David Haß, Rochina Williams und Mitternachtsgarten.
Gott – danke, dass du mich täglich 24 Stunden mit deiner Liebe umgibst.

Inhalt